内部監査実務シリーズ

企業グループの内部監査

公認会計士
箱田 順哉
Hakoda Junya

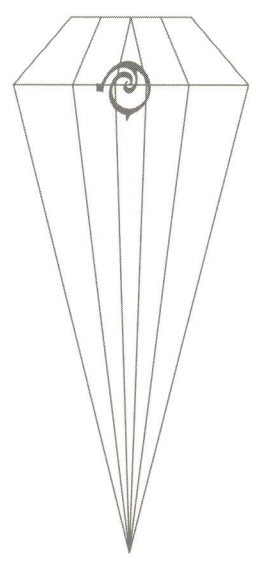

同文舘出版

はじめに──企業グループ内部監査が目指すこと

　内部監査は経営を支える機能である。経営者は戦略をたてて実行に移し，組織を動かして目標を達成するよう経営活動を主導する。内部監査部門は経営者の目となり耳となり手足となって，経営活動が経営者の意図どおりに行われているか確かめる役割を担う。

　企業活動が多角化，大規模化，グローバル化するなかで，経営者自身が直接把握することのできる経営活動の範囲には限界がある。経営者になりかわって経営活動のモニタリングを行う内部監査の重要性は一段と高まっている。

　2009年3月期から上場会社を対象にして金融商品取引法に基づく内部統制報告制度が導入された。2011年3月には，企業に「創意工夫」を求めるように制度改革が行われた。経営者には企業グループ全体にわたって内部統制を構築する義務がある。内部監査は内部統制の基本的要素であるモニタリングの中核機能を担うと同時に，経営者の立場にたって内部統制が整備，運用されていることを確かめて評価する役割を果たす。このような企業経営における内部監査の役割は非上場会社においても変わりない。

　企業活動がますます国際性を増すなかで，日本企業の活動領域は，大企業，中小企業を問わず，また業種を問わず，製造，販売，財務等の経営活動のさまざまな分野で海外に広がっている。一方，日本市場における外資の活動も広がりをみせている。国ごとの法規制はあるものの，企業にとって国境の壁は低くなっているといえよう。海外にグループ会社をもつ企業グループは，ビジネスの規模，複雑性等に応じたグローバル・マネジメントを必要とする。グローバル・マネジメントのインフラとして内部監査は重要な役割を担う。

　本書は，企業グループにおいて内部監査がどのようにして経営を支えるかということを読者が理解することに主眼をおいた。そのために，企業グループの内部監査体制をどのように構築して，グループ全体にわたる内部監査を如何に実践するか詳述した。

本書は『内部監査実務シリーズ』の1冊として企業グループの内部監査に焦点を当てて執筆した。他の分冊とあわせて読んでいただければ内部監査についての深い知識を得ることができると思う。

　本書がいささかなりとも内部監査を担う人たちに参考にしていただければ望外の喜びである。

　末筆ながら，本格的な内部監査実務シリーズの出版を支援してくださった同文舘出版株式会社の中島治久社長と青柳裕之氏，角田貴信氏に心から感謝を申し上げる。

　2011年9月

箱　田　順　哉

企業グループの内部監査◉もくじ

1 グループ経営を支える内部監査 ———1

1. グループ経営の時代 ———2
2. 企業グループ経営者の役割と内部監査 ———4
3. コーポレート・ガバナンスとマネジメント・コントロール ———6
4. 企業グループのマネジメント・コントロール ———7
(1) マネジメント・コントロールの設計　8
(2) グループ会社の管理方式の設計　12
(3) マネジメント・コントロールのインフラの構築　17
(4) マネジメント・コントロールのモニタリング体制の整備　18

5. グループ経営を支える内部監査 ———22
(1) 内部監査の定義　22
(2) 企業グループにおける内部監査の意義　23
(3) 企業グループ内部監査の種類　23

2 会社法・金融商品取引法と企業グループ内部監査 ——— 27

1. わが国における法規制と内部監査 ——— 28

2. 会社法と企業グループ内部監査 ——— 28

3. 金融商品取引法と企業グループ内部監査 ——— 30

4. 新J-SOXと企業グループ内部監査 ——— 33
(1) J-SOX改訂の内容　33
(2) 企業グループ内部監査部門の新J-SOX対応　34

5. 各種法規制コンプライアンスと内部監査 ——— 37

3 企業グループの内部監査体制 ——— 39

1. 企業グループのマネジメント・コントロールと内部監査体制 ——— 40

2. 企業グループ内部監査体制の実例 ——— 42
(1) 監査業務別内部監査体制　42
(2) 国内・海外別内部監査体制　43
(3) 地域別内部監査体制　44
(4) カンパニー別内部監査体制　45

3. 企業グループ内部監査体制構築のポイント ——— 46
(1) 経営戦略の理解　46

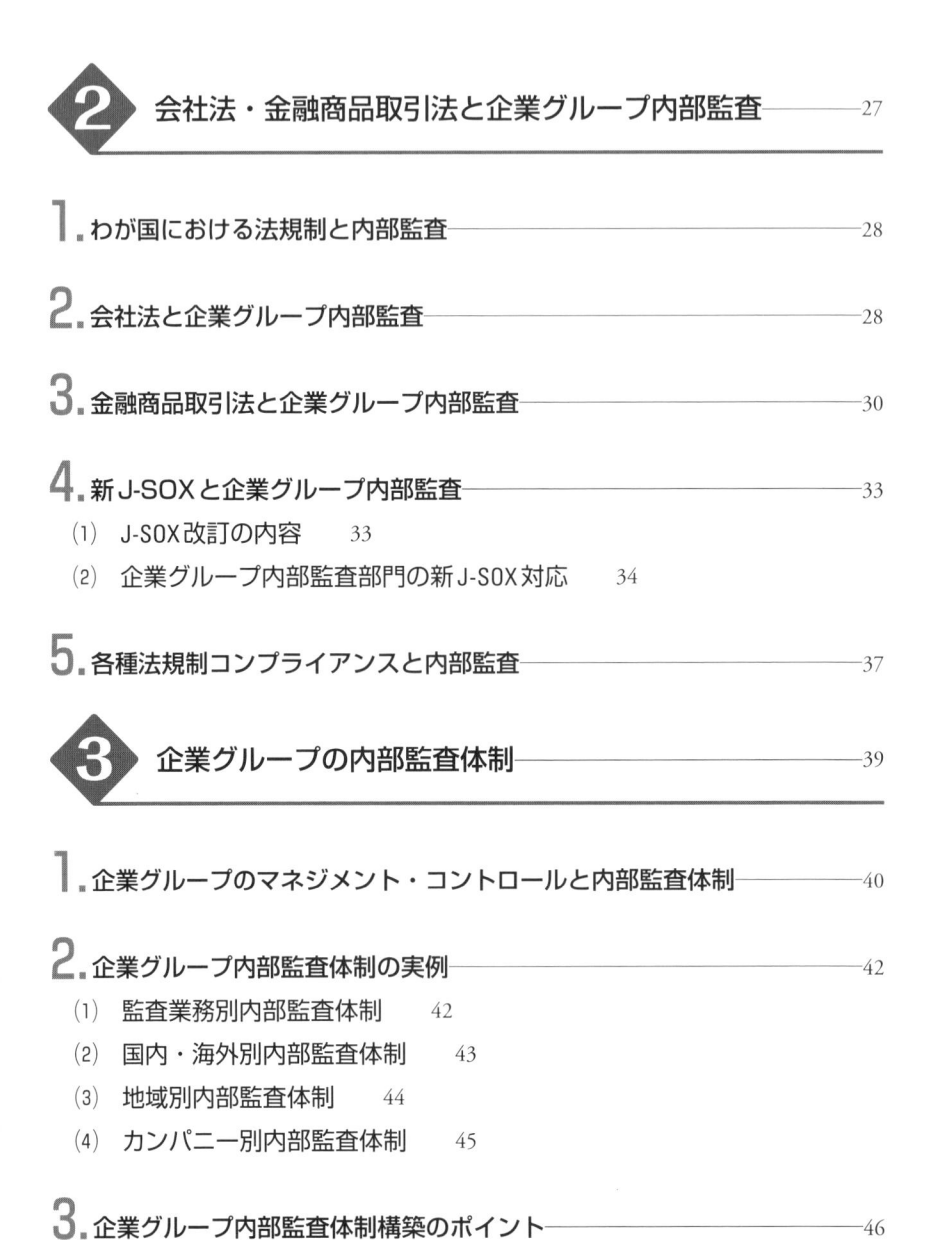

もくじ

　(2)　内部監査についてのトップ・マネジメントの認識を得る　47
　(3)　企業グループ内部監査体制のフレームワークの設計　47
　(4)　内部統制報告制度への対応　48
　(5)　企業グループ全体をカバーする内部監査マネジメントの確立　48

4. 企業グループ内部監査マネジメントのポイント ―― 48
　(1)　企業グループ内部監査戦略の立案　49
　(2)　グループ経営についての情報収集・共有　49
　(3)　グループ本社マネジメントおよびガバナンス機関とのコミュニケーション　49
　(4)　内部監査についての情報収集・共有　49
　(5)　グループ全体の内部監査活動のモニタリング　50
　(6)　グループ全体の観点での問題指摘と改善提案　50
　(7)　企業グループとしてのコンプライアンス対応　50
　(8)　人材育成　51
　(9)　内部監査の品質管理　51

5. 内部監査の高度化 ―― 52
　(1)　内部監査に関する最先端の理論・知識の収集と共有　52
　(2)　監査手法・監査ソフトウェアの活用　53
　(3)　内部監査のベンチマーク　53
　(4)　その他の内部監査高度化の方策　54

4　企業グループにおける三様監査のあり方 ―― 55

1. 三様監査とは何か ―― 56
　(1)　三様監査とその担い手　56
　(2)　各監査の比較　58

(3)　コーポレート・ガバナンスの類型と三様監査　64
　(4)　三様監査の連携　67

2. 企業グループ親会社における三様監査の設計 ――――72
　(1)　ガバナンス・監査体制の設計　72
　(2)　監査役（監査委員会）と内部監査部門との連携の設計　73
　(3)　内部監査部門と監査役（監査委員会）との連携　76
　(4)　親会社における内部監査部門と外部監査人との連携　81

3. 企業グループ全体の三様監査の設計 ――――83
　(1)　企業グループ監査体制の設計　83
　(2)　連結外部監査体制の設計　84
　(3)　企業グループ監査役監査体制の設計　86
　(4)　企業グループ三様監査における内部監査のあり方　89

5　企業グループ内部監査の基本 ――――91

1. 企業グループ全体にわたる内部監査実行権の確保 ――――92

2. 企業グループ内部監査のインフラの整備 ――――93
　(1)　内部監査規程類の整備　93
　(2)　内部監査基準の選定　94
　(3)　内部監査規程の作成　96
　(4)　企業グループ内部監査マニュアルの作成　101
　(5)　内部監査チェックリストの作成　103
　(6)　内部監査プログラムの作成　104
　(7)　その他の内部監査のインフラの整備　105

3. 内部監査人の教育研修体制の整備 ―――――105
　(1) 人材育成の重要性　105
　(2) インターナル・オーディターの教育・研修　106

4. 企業グループ内部監査のプロセス ―――――108
　(1) リスクアプローチ内部監査の導入・確立　109
　(2) 個別の内部監査プロジェクトにおける内部監査一巡のプロセス　111

6　グローバル内部監査 ―――――115

1. グローバル内部監査の重要性 ―――――116

2. グローバル内部監査体制の構築 ―――――116

3. グローバル内部監査の実践 ―――――118
　(1) グローバル内部監査の対象組織と監査種別　118
　(2) グローバル本社・統括本部における内部監査　119
　(3) 親会社業務部門・事業拠点における内部監査　121
　(4) グループ会社における内部監査　122

7　海外グループ会社の内部監査 ―――――127

1. 海外グループ会社内部監査の意義 ―――――128

2. 海外グループ会社内部監査の難しさ ―――――128

3. 海外グループ会社内部監査 - 困難克服のポイント ——————130

4. 海外グループ会社内部監査実施上の留意点 ——————135
(1) リスク分析・計画・実施準備のプロセス　135
(2) 実施プロセス　136
(3) 報告プロセス　136
(4) フォローアップ・プロセス　137

5. 海外合弁会社の内部監査 ——————138
(1) 監査権の有無　138
(2) 合弁パートナー／合弁会社経営者への配慮　139
(3) 監査成果　140

6. 海外グループ会社内部監査の実行体制 ——————140

7. 海外グループ会社内部監査の展望 ——————142

⑧ 企業グループ内部監査の課題 ——————143

1. 経営者との関係の強化 ——————144
(1) 企業グループ・マネジメントに資する内部監査の実現　144
(2) 経営トップのサポートを得る　145

2. 企業グループ・ガバナンスへの貢献 ——————145
(1) コーポレート・ガバナンスの改革　145
(2) 三様監査連携強化の必要性　146

(3) 企業グループ内部監査の貢献　146

3. 長期的な人材育成策の確立 ―― 147

4. その他の課題 ―― 148
　(1) リスクアプローチ内部監査の充実　149
　(2) ITの活用　149
　(3) IFRS対応　150
　(4) 内部監査体制の弱点の補強　150

参考文献　152
巻末資料
　1．会社法と金融商品取引法における企業グループ構成会社の定義　154
　2．財務報告に係る全社的な内部統制に関する評価項目の例　162
　3．企業集団内部統制に関する監査　166

索　引　169

1 グループ経営を支える内部監査

1. グループ経営の時代

　今日の企業経営は企業グループを経営単位として行われている。ひとつの会社のみによる企業経営は創業間もない企業や零細企業にみられるが，一定規模に達した企業では，子会社などを擁する企業グループを形成することが一般的な経営スタイルになっている。とくに，海外に進出する場合，当初は駐在員事務所などからスタートするが，本格的な事業展開に踏み切る際に現地法人を設立することになる。中小企業でも，特定の技術に強い企業が海外子会社をもつ例がよくみられる。

　また，日本の企業の場合，海外事業や，新規事業に進出する際に他社との合弁投資を行うケースが多い。このような投資スタイルは，100％出資子会社による進出を基本とする米国企業と対照的である。また，現地資本との合弁投資としなければならない場合，経営権を確保するために出資比率を重視する米国企業に比べて，日本企業は米国企業ほど出資比率へのこだわりが少ないようである。

　このようにして，日本の企業は，経営支配権をもつ子会社や経営支配権をもたない関連会社による企業グループを構成して経営活動を行うことが多くなっている。グループ経営は，大企業に限らず，中堅・中小企業でも採用する経営形態になっている。現代はグループ経営の時代であるといえよう。

　企業グループを構成する会社は「親会社」「子会社」「関連会社」である。これらの会社を総称して「関係会社」という（**図表1-1参照**）。

　旧商法・旧証券取引法では，出資に基づく議決権の比率でこれらの会社を定義していた。すなわち，他の会社の50％超の議決権を所有している場合，その会社は親会社とされ，出資先は子会社とされていた。同様に，証券取引法により他の会社の20％以上の議決権を所有している場合，その会社は親会社とされ，出資先は関連会社とされていた。これを「持株基準」という（「議決権基準」という場合もある）。連結決算上，子会社は連結対象とされ，関

グループ経営を支える内部監査

図表1-1　企業グループを構成する会社

親会社	議決権の過半数を所有するなどによって他の会社（子会社）の経営を支配している会社
子会社	親会社によって経営を支配されている会社
関連会社	親会社およびその子会社が，出資，人事，資金，技術，取引等の関係を通じて，財務および営業または事業の方針の決定に対して重要な影響を与えることができる会社（子会社以外の会社）
関係会社	親会社，子会社および関連会社を総称した会社。

連会社の損益も，持分法の適用により出資比率に応じて連結決算に取り込まれた。

しかし，国際会計基準などの連結決算をめぐる国際的な潮流は経営支配権を及ぼす会社を子会社とする「支配力基準」が主流となった。これにより，日本でも2000年3月期決算より証券取引法（現在の金融商品取引法）上，支配力基準が取り入れられ，さらに，2005年に成立した会社法でも支配力基準が取り入れられた。関連会社についても，出資先の「財務及び営業又は事業の方針の決定に対して重要な影響を与えることができる場合」に出資先を関連会社と定義するようになった（財務諸表等規則第8条第5項）。

支配力基準の基礎となる子会社に対する経営支配権については，他の会社の50％超の議決権を所有している場合に加え，40％以上の議決権を所有し，かつ取締役会の支配などによって財務および事業の方針の決定を支配している場合など，会社法・会社法施行規則および金融商品取引法・財務諸表規則等の規則で詳細に規定されている。

同様に，関連会社の要件となる「財務及び営業又は事業の方針の決定に対して重要な影響を与えることができる場合」については，他の会社の20％超の議決権を所有している場合に加え，15％以上の議決権を所有し，かつ取締役の派遣，重要な融資，重要な技術提供などによって財務および営業または事業の方針の決定に対して重要な影響を与えている場合や，複数の企業による契約に基づいて共同で支配している企業（共同支配企業）に該当する場合など，金融商品取引法・財務諸表規則等で詳細に規定されている。（「親会社」

「子会社」「関連会社」の法律上の定義については，本書の154～161ページの**巻末資料1.**「会社法と金融商品取引法における企業グループ構成会社の定義」参照。）

　このようにして，企業グループは，親会社を頂点としてその傘下に子会社と関連会社をもつ企業集団として構成される。なお，関連会社については，その会社に自社以外にもほかに親会社がいるのか，自社と他の出資会社の経営影響力の関係などによって自社の企業グループの一員とみなせるか否かが決まる。関連会社を一概に自社の企業グループの一員とすることはできない。実質的には，企業グループは，親会社（自社）を頂点とし，子会社と，自社ないし自社の子会社が他の出資者よりも優位な立場で影響力を行使できる関連会社によって構成される（資本関係がなくとも，あるいは名目的な資本関係を結んで協力企業として特定企業の系列企業となることもある。本書では，「子会社」にも「関連会社」にも該当しない系列企業や協力企業については企業グループを構成するグループ会社として扱っていない）。

2. 企業グループ経営者の役割と内部監査

　企業グループの経営者には，ビジネス・リーダーとしてグループの従業員が共感する経営哲学，経営理念，経営ビジョンを示して従業員と共有し，求心力を発揮することが求められる。その基盤のうえに，経営戦略，経営方針，さらに経営の羅針盤としての経営計画を示して経営者は企業グループのビジネスを推進する使命を負う。

　そのような使命を果たすために企業グループ経営者には幅広い役割を担うことが求められる。

　企業グループの内部統制やリスク・マネジメントにとって"Tone at the top"（トップの気風）が最も大切である。経営者は自己の信ずる経営哲学を自ら実践しなければならない。経営哲学や経営理念は繰り返しアピールされることでグループの従業員に周知される。その意味において，経営者は伝道

グループ経営を支える内部監査

者でなければならないともいわれる。話したこともない，顔をみたこともない従業員を大勢抱える企業グループの経営者にとってこれは容易なことではない。さらに，グローバルに事業展開する企業グループの経営者は，言語や文化が異なり，価値観も異なるかもしれない国々の従業員を束ねて事業を推進する国際感覚をもつことも必須である。

　また，企業グループの外部から経営者を律するコーポレート・ガバナンスとは別に，経営者は自らを律するコーポレート・ガバナンスの仕組みを企業グループの内部で構築しなければならない。そのうえで，経営者は，自身を経営者として選任した株主に対する経営受託責任はもとより，企業は公器であるとの認識をもって健全経営や安定経営を心がけて，株主に加えて従業員，取引先，消費者や広く社会一般まで含めたステークホルダー（利害関係者）に対する，企業の社会的責任（CSR ＝ Corporate Social Responsibility）を果たすことが求められる。

　このような責任を果たすために，経営者は，コーポレート・ガバナンス，リスク・マネジメント，内部統制といった企業グループ経営のインフラを整備する。さらに，ひとつの会社の経営者と異なり，企業グループの経営者には，ダイナミックな事業推進を図るためにグループ会社の主体性，自主性を尊重する一方で企業グループとしての統一感のある一体運営を図る必要がある。ともすると経営不振のグループ会社は親会社を頼りにしがちで，優良企業は子会社といえども親会社を敬遠しがちである。さまざまなグループ会社を束ねて企業グループとして一体性のある経営を行うことが企業グループ経営者に求められる。

　内部監査は，企業グループ経営者がこのような役割を果たすうえで経営者の目となり耳となり手足となってグループ経営を支える役割を担う。

　それでは，グループ経営を支える内部監査をどのように組み立てればよいか。企業グループの内部監査のあり方を考えるうえで，内部監査の上位概念であるコーポレート・ガバナンス，マネジメント・コントロール，モニタリングの流れに沿って内部監査のあり方を整理すると理解しやすい。

3. コーポレート・ガバナンスとマネジメント・コントロール

まず,コーポレート・ガバナンスからみていくことにする。

1930年代初めにバーリとミーンズが1929年大恐慌当時の米国の大企業の株式所有と経営の状況を分析して企業の所有と経営は分離していると結論づけた。それ以来,会社をどのように統治すべきか,という議論が高まり,同時に,企業の社会的な影響力が強くなったことと相まって,会社は誰のものか,会社は誰のためにあるのか,といった議論も重なり,コーポレート・ガバナンス論は世界中で論じられている。

コーポレート・ガバナンス論は,①初期の株主主権論,②従業員の経営参加を法律で義務づけたドイツのガバナンス体制に典型的にみられる株主と従業員による共同統治論,③ステークホルダー(利害関係者)の利害調整を重視するステークホルダー論まで,さまざまな理論が展開されてきた。(コーポレート・ガバナンスと内部監査についての詳細は,箱田(2009)参照)。

会社の主権者についての考え方はわかれるが,いずれにも共通するコーポレート・ガバナンスを支える経営上の課題として,マネジメント・コントロール,アカウンタビリティー,ディスクロージャーの3項目があげられる(図表1-2参照)。

図表1-2 コーポレート・ガバナンスを支える経営上の課題

マネジメント・コントロール	・経営戦略の実行と企業目的の達成を可能とする企業組織,管理体制を維持。
アカウンタビリティー	・説明責任。株主等の利益を常に考慮して経営を遂行していることを十分に説明。
ディスクロージャー	・経営の透明性。経営戦略,事業見通し,業績等の経営の状況を株主等に適時・適切に伝える。

出所:箱田編著(2011)p.11の表をもとに作成。

グループ経営を支える内部監査

　マネジメント・コントロールは，アカウンタビリティーやディスクロージャーの有効性，適切性を確保するための基盤であり，コーポレート・ガバナンスのインフラとして位置づけられる。このような考え方は，単体企業でも企業グループでも同じである。とくに海外グループ会社まで含めて複雑な経営構造をもつ企業グループの場合，このような概念整理は重要と思われる。

4. 企業グループのマネジメント・コントロール

　上述のマネジメント・コントロールの位置づけを踏まえて，企業グループにおけるマネジメント・コントロールをどのようにして構築するかみていくことにする。

　企業グループにおけるマネジメント・コントロールは次のステップで構築することができる。また，すでにあるマネジメント・コントロールの改善を図る場合もこのステップをたどって現状を見直すと改善ポイントを把握しやすい（図表1-3参照）。以下，順次その内容をみていくこととする。

図表1-3　企業グループにおけるマネジメント・コントロール構築のステップ

```
1. マネジメント・コントロールの設計
   ・グローバル・マネジメントの統制方式の選択
   ・グループ会社の機関設計
```
```
2. グループ会社の管理方式の設計
```
↓
```
3. マネジメント・コントロールのインフラ整備
   ・企業グループ全体の内部統制
   ・企業グループ全体のリスク管理＝ERM（エンタープライズ・リスク・
     マネジメント）
```
↓
```
4. マネジメント・コントロールのモニタリング体制の整備
   ・日常的モニタリング
   ・独立的評価（内部監査等）
```

(1) マネジメント・コントロールの設計

企業グループのマネジメント・コントロールの設計は，以下のプロセスで進める。プロセスに沿って説明していく。

①グループ・マネジメントの方針の確認
②マネジメント・コントロールの方式の設計
③グループ会社の機関設計
④グループ会社の管理方式の設計

1) グループ・マネジメントの方針の確認

企業グループ・マネジメントのあり方は各社各様である。日本企業における企業グループ・マネジメントを概観すると，日本的経営の特色として子会社経営の自主性尊重をあげることができる。いったん子会社を設立し，その会社の経営者を選任したからには，子会社経営者に高度の裁量権を与えて子会社経営を任せ，よほどのことがないかぎり親会社経営者は口出ししないという風潮がある。経営を任された子会社経営者は全責任をもって全力をあげて子会社経営にあたり，よい結果を生み出している，という実例は枚挙にいとまがない。このような子会社自主経営尊重型の企業グループ・マネジメントが多くの日本企業にみられる経営方式である。

子会社自主経営尊重型の対極にあるのがグループ本社集中管理の企業グループ・マネジメントである。重要事項はグループ本社で決定し，子会社経営者に意思決定を委ねる事項が相対的に少なく，また，子会社経営の管理をきめ細かく行うという方式である。主に米国系のグローバル企業に多くみられるマネジメント方式である。日本でも，戦前から企業グループによる事業展開をしている企業の中にはこのようなマネジメント方式を採る企業もみられる。

このような企業グループ・マネジメントの方式の違いは企業グループの構

グループ経営を支える内部監査

成の違いに現れる。日本の企業グループには，親会社が経営支配権をもたない関連会社や，経営支配権をもつ子会社でも出資比率がわずかに50％を超える子会社が多い。新規事業に進出する場合，単独投資だけでなく，他社との合弁投資もよく行われる。日本的グループ経営では子会社の自主経営を尊重することから，確固たる経営支配権を及ぼすことができないグループ会社を企業グループに内包することに対して日本の経営者は米欧の経営者ほどには抵抗感がないように見受けられる。

米国系企業の場合，一般に株主権に裏打ちされた経営支配権の確保を重視する。子会社を設立する場合，100％出資の完全子会社とすることが多い。他社との合弁投資を行うケースは，他社の技術や現地経営ノウハウなど，他社の参加を必要とする明確な理由がある場合に限られる。

もとより「組織は戦略に従う」ことから[1]，企業グループの組織形態はどのような経営戦略を採るかによって決まるものであり，組織形態だけをみてその適否を決められるものではない。

各社各様のグループ・マネジメントの方針のなかで，自社の方針がどのようなものか確認してマネジメント・コントロールの方式を設計することが重要である。

2）マネジメント・コントロールの方式の設計

企業グループにおけるマネジメント・コントロールの方式には，グループ本社から経営者・幹部職員を派遣することによってグループ会社を直接管理しようとする直接統制型と，グループ本社を頂点とする組織的管理によってグループ会社をコントロールしようとする間接統制型の2つの方式がある。

1）アルフレッド・デュポン・チャンドラー（Alfred DuPont Chandler, Jr., 1918-2007年，米国の経営学者・歴史学者）は，20世紀の米国の大企業の歴史研究の成果として「組織は戦略に従う」（"Structure follows Strategy"）という命題を提唱した。なお，"Structure"は，狭義の「組織」よりも広い概念であり，構造，枠組みといった意味合いをもつ。

直接統制型は，日本企業の子会社自主経営尊重型の企業グループ・マネジメントでよくみられる形態である。子会社経営者の自主性が尊重され，一般にグループ本社の統制度は低い。

　間接統制型は米国系グローバル企業に多くみられる形態である。グループ本社主導の比較的強い統制が企業グループ全体にわたって組織的に行われる。これは従来の日本企業にはあまりみられなかった統制形態である。

　ただし，経営の現地化の進展や，内部統制報告制度によりグループ本社による組織的管理が求められるようになったことから，日本企業でも間接統制と直接統制を併用する形態も多くみられるようになってきている。

　企業グループのマネジメント・コントロールを設計するにあたり，大枠としてどのようなコントロール方式をとるか検討する必要がある。

3）グループ会社の機関設計

　企業グループ・マネジメントのコントロール方式の設計と並行して，親会社およびグループ会社各社の機関設計を行う。企業グループをすでに経営している場合には，会社の機関設計は各社においてすでに存在している。新たな機関設計は，コーポレート・ガバナンス改革に合わせた既存機関の見直しやM&Aで新規にグループ会社となった会社や新設会社における機関設計として行われる。

　会社法では多様な機関設計の選択肢を用意している（詳しくは發知・箱田・大谷（2007）参照）。

　ただし，上場会社の場合，会社法上の公開会社として親会社における主要なガバナンス機関の設計は，監査役設置か委員会設置かの二者択一となる。さらに，監査役設置会社で会社法上の公開会社である大会社は，監査役会を設置しなければならない（会社法上の用語の定義についてはコラム"会社法上の「会社」の定義"参照）。

　非上場会社の場合には多様な機関設計が可能である。大会社以外の会社であれば，一部の株式に譲渡制限を設ければ公開会社でなくなり，1人の取締

グループ経営を支える内部監査

column……会社法上の「会社」の定義

上場会社の株式は市場で自由に売買されることから、上場会社は会社法上「公開会社」となる。公開会社には取締役会の設置が義務づけられている（会社法第327条）。したがって、上場会社の場合、取締役会設置については選択の余地がない。選択できるのは、監査役を設置するか、あるいは「委員会設置会社」となるかの二者択一となる。監査役設置会社で会社法上の「公開会社」である「大会社」は「監査役会」を設置しなければならない（会社法第328条）。また、すべての大会社と大会社以外の会社で委員会設置会社は会計監査人（公認会計士または監査法人）を設置しなければならない。以上の「」についての会社法上の定義は以下のとおりである。

- 「公開会社」……「その発行する全部又は一部の株式の内容として譲渡による当該株式の取得について株式会社の承認を要する旨の定款の定めを設けていない株式会社」（会社法第2条第5号）。

  世間では上場会社のことを公開会社ということが多いが、会社法上の「公開会社」は非上場の会社も含む広い概念である。

- 「大会社」……資本金5億円以上または負債200億円以上の株式会社（会社法第2条第6号参照）。

- 「監査役会」……3人以上の監査役の全員で組織される。そのうち半数以上は社外監査役でなければならない。また、監査役のなかから常勤の監査役を選定しなければならない。会社法上の「公開会社」である「大会社」は監査役会を設置しなければならない（会社法第328条、第335条、第390条等参照）。

- 「委員会設置会社」……「指名委員会、監査委員会及び報酬委員会をおく株式会社をいう（会社法第2条第12号参照）。2002年の商法改正で株式会社は監査役設置会社か委員会設置会社の選択を認められるようになった。

  各委員会の主な職務は次のとおりである（会社法第404条参照）。

  ・監査委員会……取締役、執行役、会計参与の職務執行の監査、および株主総会に提出する会計監査人（公認会計士・監査法人）の選任・解任などに関する議案内容の決定。

  ・指名委員会……株主総会に提出する取締役、会計参与の選任・解任に関する議案内容の決定。

  ・報酬委員会……取締役、執行役、会計参与の個人別報酬などの内容の決定。

  委員会設置会社となった場合には、監査役を設置することを会社法は禁じている。一方、監査役設置会社の場合には、会社法上の委員会を設置することはできない。よく監査役設置会社で委員会を設置しているケースをみるが、これらの委員会は会社法上の委員会ではなくて、会社が任意で設置する委員会である。

役をおけば会社法上の機関設計の要件を充足することができる。もっとも，その会社に一定のガバナンス機能をもたせようとすれば，取締役会や監査役の設置を検討することになる。

企業グループにおいては，親会社では，会社法要件の充足にとどまらず，ガバナンス機能充実の観点から機関設計がなされるであろう。親会社傘下のグループ会社では，ガバナンス機能充実と機関設計の簡素化のバランスが検討課題になる。海外グループ会社においては現地国のガバナンス規制へのコンプライアンスも必要になる。

(2) グループ会社の管理方式の設計

親会社およびグループ会社各社の機関設計と合わせ，企業グループ全体の経営管理をどのように行うか明確にするために，グループ会社の管理方式を設定する必要がある。次の項目がそのポイントとしてあげられる。順を追って説明する。

①グループ経営方針の設定と周知徹底
②グループ内のコミュニケーション・ラインの設定
③規程類の整備
④グループ会社の分類と管理方法の選択
⑤企業グループ経営活動のモニタリング
⑥グループ会社経営者の評価

1） グループ経営方針の設定と周知徹底

求心力をもって企業グループの役職者・従業員全員の総意を結集して経営を行うために，経営理念や経営トップの経営哲学を企業グループ全体に周知徹底することはきわめて重要である。とくに親会社経営者の経営方針や経営姿勢は"Tone at The Top"（トップの気風）といわれて企業経営の統制環境を決する要因として世界で広く知られている。

とくに上場会社を親会社とする企業グループにおいては「公器」としての

グループ経営を支える内部監査

経営が社内外の人たちから期待され、経営トップは企業グループ内外に対して経営方針を明示する必要がある。このような経営方針は、経営理念、経営ビジョン、社是・社訓、企業行動憲章、企業行動基準のように、目にみえる形で公表することが望ましい。

海外で事業展開する企業グループにおいては、すべての従業員が理解できるように経営理念などを英語版でも作成する必要がある。

さらに、日本語版、英語版の経営理念などを社外向けのウエブサイトおよび社内向けのイントラネットに掲載して、常に企業グループの姿勢を示すことが大切である。

2) グループ内のコミュニケーション・ラインの設定

親会社・統括会社とグループ会社の指揮命令系統や、グループ会社に対するサポーティング機能の編成といった、グループ内のコミュニケーション・ラインを設定する。これは内部統制の基本的要素の「情報と伝達」を企業グループ全体にわたって展開することに他ならない。

とくに、グループ会社経営を的確に進めるために、グループ会社経営者の責任と権限を明確にして、グループ会社から親会社・統括会社に連絡すべき事前協議・承認事項、報告事項を明示・確認することが重要である。並行して、経営・ビジネスの全般状況や、営業・製造などの基幹業務、財務などの状況について、グループ会社からの定期報告（年次、四半期、月次など）と親会社・統括会社からのフィードバックを行うことによって組織的なコミュニケーションを確保することができる。

また、通常の報告経路とは別に、不正・不当行為について従業員などが経営者または法務部などの社内窓口や、弁護士などの外部窓口に直接報告する内部通報制度を設けることも検討課題である。内部通報制度は、日本では、企業会計審議会「財務報告に係る内部統制の評価及び監査に関する実施基準」（内部統制実施基準）で内部統制の基本的要素の「情報と伝達」における内部統制の手段としてあげられている。また、公益通報者保護法で通報者

の保護が図られている。

ただし，海外においては，このような制度は必ずしも好感をもたれない場合があるので，グループ会社の所在国・会社ごとに制度導入の適否を慎重に検討しなければならない。

3）規程類の整備

親会社としてグループ会社をどのように管理するか，根拠規程としてグループ会社管理規程（関係会社管理規程）を整備する。規程には，グループ会社管理の基本方針，グループ会社に親会社・統括会社への事前協議・承認・報告を求める事項，企業グループの内部監査等の管理の基本事項や親会社・統括会社における管理組織などについて規定する。親会社の経営支配権の及ばない合弁会社などについては，管理上必要な事項（事前に出資元会社の承認を要する事項，出資元会社の監査権など）を合弁契約に織り込んでおくことが必要である。監査権などの重要事項が合弁契約に織り込まれていない場合は，後述の親会社・グループ会社間の協約に盛り込むようにする。

グループ会社においても，取締役会などの経営意思決定機関で親会社のグループ会社管理規程に準拠することを承認決議する必要がある。そのような機関決定が実務上困難なグループ会社については，親会社・グループ会社間の協約を結び，グループ会社管理規程で重要な項目についてグループ会社も準拠するようにする。とくに内部監査については，グループ会社も親会社内部監査の対象範囲とする，あるいは独自の内部監査部門をもつグループ会社については親会社内部監査部門との連携を義務づけるなどの措置が，グループ全体にわたって統一的に実施する企業グループ内部監査の有効性を確保するために必要である。

グループ会社管理規程の下位のマニュアル類も整備する。債権管理，在庫管理などのグループ横断的に管理が必要な業務については，業務マニュアルを整備し，実務指針としてグループ会社で利用できるようにする。海外にグループ会社をもつ企業グループにおいては，日本語版に加えて英語版でも業

務マニュアル（Policies and Procedures）を作成する。日ごろ使う言語が異なろうとも，グループ各社の社員が同じ業務マニュアルに基づいて業務を実施することが大切である。

とくに，連結企業グループとして統一した会計・財務報告を行うために，グループ経理規程（Accounting Manual）や連結決算マニュアルを整備することが重要である。

4）グループ会社の分類と管理方法の選択

グループ会社の社数が少なければ本社で個別に管理することができるが，社数が多くなると，グループ会社を分類して組織的に管理する方が実務的である。大規模な企業グループでは，地域別セグメント，事業別セグメントなどにグループ会社やビジネス・ユニットを区分けして，各セグメントに統括会社・本部を設置して複層的な管理を行うことになる。その場合に，管理が重複しないように全体としての管理の効率性にも留意する必要がある。

グループ会社を分類する切り口として，会社規模，経営戦略上の位置づけ，経営リスクの程度などが挙げられる。複雑な分類は管理を煩雑にするだけであまりメリットはない。わかりやすい切り口で3区分程度のシンプルな分類にする方が永続的な企業グループの管理にはなじみやすい。（**図表1-4**参照。）

図表1-4　グループ会社の分類（例）

管理区分	会社規模	経営戦略上の位置付け	経営リスク
A	大	重要	高い
B	中	中程度	中程度
C	小	低い	低い

分類の方法：
- 大規模，重要，高リスクのいずれかに該当する場合，A区分とする。
- 小規模でかつ，戦略上の位置付け，経営リスクの両方とも低い場合，C区分とする。
- その他，中規模，中程度の会社はB区分とする。

出所：箱田（2009）p.171。

グループ会社の分類を行った後に，各管理区分に応じた管理方法を設定する。具体的には，次のような観点で管理の濃淡をつける（例示）。
- 役職員派遣の有無・レベル……重要子会社には取締役，監査役，経理役職者などを常勤役職者として派遣する。重要性の低いグループ会社には非常勤役員を派遣する。
- 報告の頻度……重要子会社には月次に経営・財務などの報告を求める。重要性の低いグループ会社には四半期ないし年次の報告を求める。
- 内部監査の頻度……重要子会社は毎年往査（監査対象先に実際に赴いて監査作業を実施すること）を実施する。重要性の低いグループ会社については，定期的な監査は行わず，本社経営者から要請がある場合など，必要に応じて往査する。

5）企業グループ経営活動のモニタリング

　内部監査と直結する領域である。本書の18～22ページ「(4)マネジメント・コントロールのモニタリング体制の整備」で詳しく説明する。

6）グループ会社経営者の評価

　企業グループのすべて役職員・従業員がやりがいをもって日々仕事に取り組むために人事評価はきわめて重要である。企業会計審議会「内部統制実施基準」でも「従業員等の勤務評価は，公平で適切なものとなっているか」を企業グループ全体の内部統制の評価項目としてあげている[2]。

　とくに海外展開をしている企業グループの場合，人種，宗教，文化，言語などの異なる人々を対象にして，評価される側から納得感をもってみられるような公平な人事評価制度を作ることは難題である。

　しかしながら，グループ経営の観点からは，少なくともグループ会社経営

2）企業会計審議会（2011）「財務報告に係る内部統制の評価及び監査に関する実施基準」（参考1「財務報告に係る全社的な内部統制に関する評価項目の例：統制環境」）。

者の評価制度を確立することはグループ本社の必須の課題といえる。グループ会社経営者の評価としては，財務数値に基づく業績評価を中心とした定量的評価がポピュラーであり，国際的な納得感も得られやすい。さらに，すぐには財務数値に現われにくい人材育成や技術開発などの貢献も定性的評価の加点項目とすることができれば，厚みのある人事評価制度となるであろう。

(3) マネジメント・コントロールのインフラの構築

以上のように企業グループのマネジメント・コントロールを多様な観点を考慮して設計する。広範囲のグループ企業のマネジメント・コントロールを継続的に行うためには，そのインフラを企業グループ全体にわたって組織的に構築する必要がある。

企業グループのマネジメント・コントロールのインフラは，以下の「1）企業グループ全体の内部統制」と，「2）企業グループ全体のリスク管理」を両輪として構築する。

1）企業グループ全体の内部統制

内部統制のフレームワークとしては，日本の企業グループにおいては，上場会社はもとより非上場会社を親会社とする場合でも，内部統制報告制度の対象となる「内部統制基準」が提示した内部統制フレームワークが依拠すべきスタンダードとなる。同時に，海外展開を行うグローバルな企業グループでは，内部統制のグローバル・スタンダードとして広く世界に認知されているCOSOの内部統制フレームワークも考慮する必要がある。日本版内部統制フレームワークはCOSOの内部統制フレームワークをベースに，同フレームワーク公表（1992/1994年）後のIT活用の進展などを反映させて作成されていることから両方のフレームワークは整合する。なお，現在，COSOは内部統制現代化プロジェクトをすすめており，改訂後の内部統制フレームワークを近い内に発表する予定である。プロジェクトの動向も注視する必要がある。

2）企業グループ全体のリスク管理

　企業グループ・マネジメント・コントロールのインフラのもうひとつの柱が企業グループ全体のリスク管理である。リスク管理にはさまざまな考え方があるが，企業グループ全体を対象とするリスク管理には，COSO ERM（エンタープライズ・リスク・マネジメント）フレームワークがグローバル・スタンダードとして認知されている。また，日本版内部統制フレームワークの基本的要素である「リスクの評価と対応」の基礎理論ともされていることから，COSO ERM フレームワークがリスク・マネジメントのフレームワークとして最適である。

(4) マネジメント・コントロールのモニタリング体制の整備

　企業グループ全体にわたってマネジメント・コントロールが適切に行われていることを確かめるためにモニタリング（監視活動）を行う。マネジメント・コントロール構築の仕上げはモニタリング体制の整備である。継続的なモニタリングを効果的に行うために，1）日常的モニタリングと2）独立的評価を両軸としてモニタリング体制を整備する。COSO内部統制フレームワーク，COSO ERMフレームワーク，および日本版内部統制フレームワークに基づいて，具体的な企業グループのモニタリングの手法を以下に述べる。

1）日常的モニタリング

　日常的モニタリングは，業務に組み込まれ，日常の業務実施の過程で行われる。モニタリングを行う者は主に経営者と管理職者である。経営者，管理職者それぞれの立場からする経営・業務実施状況のレビューなどによるモニタリングが行われる。さらに，内部統制の管理責任者・担当者による自己評価を社内制度として取り込む場合もある（内部統制自己評価制度）。

　各々のモニタリングのポイントは次のとおりである。
・経営者による経営状況・業績のレビュー
　　経営者が直接行う経営状況・業績のレビューである。具体的には，経営

グループ経営を支える内部監査

状況・業績についての報告資料やデータベースの閲覧や，関係者からの説明の聴取，現場視察などを行う。経営業績のレビューは近年「ビジネス・パフォーマンス・レビュー（BPR）」といわれるようになり，有効なモニタリング手段として注目されている。企業グループ全体の気風を決するのは"Tone at the Top"（トップの気風）であり，その意味からも経営トップ自身によるモニタリングは重要である。

• 管理職者による業務遂行状況・業績のレビュー

　日常の業務（ルーティン）に組み込み，管理職者が日常的に行う業務遂行状況・業績のレビューである。企業業務の現場において日々，業務を指示・統括・評価する管理職者は業務遂行状況を最もよく知る立場にある。したがって，管理職者による業務遂行状況・業績のレビューは日常的モニタリングの中心的な役割を担う。

　管理職者によるレビューが適切に行われるように，管理職者自身の継続的な教育研修を含めてグループ本社および各グループ会社の管理業務の環境を整備することも重要である。

• 内部統制自己評価制度（CSA＝Control Self Assessment）

　内部統制自己評価制度（CSA＝Control Self Assessment）は，内部統制の管理責任者・担当者が自己の業務部門の内部統制の整備・運用状況を自ら点検・評価する社内制度である。日本版内部統制フレームワークでは，CSAは内部統制の基本的要素のモニタリングにおける日常的モニタリングの重要な手段とされる。（COSO内部統制フレームワークでは，後述の独立的評価の一手段として位置づけられる。両者の取り扱いの違いについて詳しくは箱田（2009）第5章参照）。

　とくに企業グループのように組織中枢の目が末端まで届きにくい大規模な組織体においてCSAは有効性を発揮する。さらに，後述のとおり，CSAと内部監査の連動により企業グループ・モニタリングの実効性は一段と高くなる。

2）独立的評価

　日常的モニタリングと並ぶモニタリングのもう1つの柱が独立的評価である。独立的評価は，業務実施部門から独立した立場の人や部門によって行われる客観的な評価である。日常的モニタリングでは発見できないような経営上・業務上の問題，課題がないかということを主眼にして，日常的モニタリングとは異なる独立した第三者の立場から評価が行われる。独立的評価は，定期的に実施されることもあれば，必要に応じ随時実施されることもある。独立的評価を行う者や組織機関は，経営者，取締役会，監査役・監査委員会，内部監査部門，その他の部門などである。それぞれ次のような特徴をもつ。

- **経営者による独立的評価**

　　必要に応じて経営者が経営の状況を自ら評価するケースである。中小規模のオーナー・カンパニーや，小規模の企業グループ等，経営活動全体に経営者の目が届く企業グループの場合，このような評価は有効である。

　　一定規模の企業グループの場合には，経営者が単独で自ら評価を行うことには限界がある。経営者として懸念材料があるときに外部の専門機関にアウトソーシングして経営者の立場からする独立的評価を行わせることもある。

- **取締役会による独立的評価**

　　取締役会が経営を監視するガバナンス機関として経営活動のモニタリングを行うケースである。米国企業や，日本企業でも委員会設置会社のように主要なガバナンス機関が取締役会のみである単層式ガバナンス構造の企業の場合，取締役会による経営活動のモニタリングは重要である。また，監査役・監査役会設置会社においても，監査役・監査役会と並立するガバナンス機関としての取締役会のモニタリング機能は重要である。

　　取締役会によるモニタリングは取締役会会議を中心に取締役会の構成員である各取締役による会議へ向けた準備，会議参加，審議事項のフォローアップ／モニタリングといったプロセスで継続的に行われる。

グループ経営を支える内部監査

- **監査役／監査役会または監査委員会による独立的評価**

　日本の企業組織において監査役／監査役会（監査役設置会社の場合）または監査委員会（委員会設置会社の場合）は，会社組織における最重要のガバナンス機関である。そのような立場で，監査役／監査役会・監査委員会は，コーポレート・ガバナンスの観点で経営者の職務執行に焦点をあてたモニタリングを行う。

　このようなモニタリングを行うために，監査役や監査委員である取締役は，内部監査部門や外部監査人から報告を受け，また両者との意見交換・情報交換を行い，そこで得た知見も踏まえて取締役会に出席して意見を述べる。

- **社外役員・独立役員による独立的評価**

　現在においても過去においても業務執行に従事していない社外役員（社外取締役，社外監査役）や，そのなかでも会社から独立した立場の独立役員（独立取締役，独立監査役）は，一般の役員よりも高度の客観性をもってモニタリングを行う立場にある。また，社外役員・独立役員のうち，弁護士，公認会計士，学者などの有識者は，独立性，客観性に加えて専門性も発揮してモニタリングを行う。近時，社外役員や独立役員のモニタリングに対する期待が高まっている[3]。

- **内部監査**

　独立的評価の実務の中枢を担うのが内部監査部門である。次節において詳述する。

- **その他の部門による独立的評価**

　内部監査部門以外でも，業務部門から独立した部門が独立的評価を行う場合がある。2008年の内部統制報告制度の導入を契機として内部統制の評価を行う部門を設置する会社がみられるようになった。財務報告に係る内

---

3) 社外取締役その他の取締役の定義，業務内容については箱田（2009）p.146を参照。

部統制等の一定の領域においてこのような部門も独立的評価を行う。

また，今後拡大が見込まれるERM（エンタープライズ・リスク・マネジメント，全社的リスク・マネジメント）のモニタリング機能を担うリスク管理部門が設置される場合には，その部門は企業グループ全体のリスク・マネジメントとしてのERMの独立的評価を行うことも考えられる。

ただし，内部統制評価部門，リスク管理部門とも，その部門自体の業務遂行状況についての内部監査は内部監査部門が独立した第三者の立場で行うことになる。

なお，企業不祥事などの重要な問題が生じた場合に，弁護士，公認会計士などの外部の専門家による第三者委員会を設置して調査を行うことがある。この第三者委員会調査は，企業の内部統制の枠外で行うものであり，企業の内部統制の一環としてのモニタリングとは異なるものである。

5. グループ経営を支える内部監査

(1) 内部監査の定義

内部監査は，モニタリングの独立的評価の機能を担う。内部監査は**図表1-5**のように定義される。

図表1-5 内部監査の定義

> 内部監査は，組織体の運営に関し価値を付加し，また改善するために行われる，独立にして，客観的なアシュアランスおよびコンサルティング活動である。内部監査は，組織体の目標の達成に役立つことにある。このためにリスク・マネジメント，コントロールおよびガバナンスの各プロセスの有効性の評価，改善を，内部監査の専門職として規律ある姿勢で体系的な手法をもって行う。

出所：The Institute of Internal Auditors,Inc.（2011）（檜田信男監訳・(社)日本内部監査協会訳（2011））．

この定義は，単体企業の場合と同様に，企業グループの内部監査において

も当てはまるものである。「組織体の目標の達成に役立つ」という内部監査の目的は単体の企業でも企業グループでも同じである。単体企業の内部監査と企業グループの内部監査の違いは対象領域の広さにある。企業グループの内部監査は、親会社単体を含む企業グループ全体を対象として監査業務とコンサルティング業務を行うものである。

(2) 企業グループにおける内部監査の意義

多角的・グローバルに事業展開する企業グループにおいて、内部監査は、経営者の目となり耳となり手足となって日頃経営者の目の届きにくいグループ会社の経営状況を把握し、問題点を検出し、改善提案を行う。単体企業と違い末端組織まで経営者の目が届きにくい企業グループにおいて、内部監査は企業グループ経営を支える重要な機能である。

(3) 企業グループ内部監査の種類

単体企業と同様に企業グループにおいても、監査対象に応じて1）経営監査、2）業務監査、3）IT監査、4）会計監査という種類の内部監査が行われる。ここでは、企業グループ内部監査の観点で各々の監査のポイントについて述べる。

1）経営監査

経営監査は、経営活動全体を対象とする内部監査である。経営実態を把握し、経営活動のモニタリングを行い、経営活動が適切に行われていることを確かめることを主眼とする実態監査である。コーポレート・ガバナンス、リスク・マネジメント、および内部統制という内部監査の主対象に経営的観点から取り組む最も次元の高い内部監査である。

企業グループの内部監査においては、いずれも、企業グループ全体を包含するコーポレート・ガバナンス、企業グループ全体のリスク・マネジメント（全社的リスク・マネジメント、ERM＝エンタープライズ・リスク・マネジ

メント），および，企業グループ全体を対象とする内部統制（企業会計審議会「内部統制基準」で規定されている「全社的な内部統制」を含む）が監査領域になる。

なお，企業会計審議会の内部統制基準では，「連結ベースでの財務報告全体に重要な影響を及ぼす内部統制」を「全社的な内部統制」と定義している（内部統制基準Ⅱ3(1)）。企業グループの内部監査では，このような財務報告目的に限定せず，業務の有効性・効率性，事業活動にかかわる法令等の遵守，資産の保全も含めた内部統制のすべての目的の観点で監査を行う。

「経営監査」(Management Audit) には，「経営者のための監査」(Audit for Management) と「経営者の監査」(Audit of Management) の2通りの経営監査がある。経営者に直属し経営に資するために行う内部監査としての経営監査は，「経営者のための監査」(Audit for Management) である。一方，経営者から独立した立場で経営執行の監査を行う監査役監査や監査委員会監査は「経営者の監査」(Audit of Management) である。

経営監査を実施するインターナル・オーディターには，監査対象となるコーポレート・ガバナンス，リスク・マネジメントおよび内部統制に対する総合的な理解と経営のあるべき姿についての見識といった高度の知識と経験が要求される。

2）業務監査

業務監査は個々の業務活動を対象とする内部監査である。業務実態を把握し，業務活動のモニタリングを行い，業務活動の有効性，効率性，適法性等を確かめることを主眼とする実態監査である。

深みのある業務監査を実施する場合，業務の機能に着目するか，業務を実施する部門に着目するかによって，次の2通りのアプローチがある。
- 機能別監査……特定の業務機能を部門横断的に監査する。企業グループの内部監査においては，グループ会社を横断する機能に着目した機能別監査が重要になる（たとえばグループ企業をまたぐグローバル／リージ

ョナルのロジスティクス機能の監査等)。
- 部門別監査……特定の業務部門を機能横断的に監査する。企業グループの内部監査においては，本社，地域統括会社，カンパニー本部における関係会社統括部門等の監査が重要になる。

3) IT監査

　IT（Information Technology）を利用した組織の情報システムの監査である。企業グループ全体のIT統制は「全社的IT統制」といわれ，企業会計審議会の内部統制実施基準では，財務報告の信頼性に重点をおいて，次の項目を全社的IT統制の評価項目にあげている。これらの評価項目は，財務報告の信頼性に加えて，業務の有効性・効率性，事業活動に関わる法令等の遵守，資産の保全といった内部統制のすべての目的を視点にすえることによって，企業グループ全体を対象とするIT統制に対する内部監査の評価項目となる。

全社的IT統制の評価項目

- 経営者は，ITに関する適切な戦略，計画等を定めているか。
- 経営者は，内部統制を整備する際に，IT環境を適切に理解し，これを踏まえた方針を明確に示しているか。
- 経営者は，信頼性のある財務報告の作成という目的の達成に対するリスクを低減するため，手作業及びITを用いた統制の利用領域について，適切に判断しているか。
- ITを用いて統制活動を整備する際には，ITを利用することにより生じる新たなリスクが考慮されているか。
- 経営者は，ITに係る全般統制及びITに係る業務処理統制についての方針及び手続を適切に定めているか。

出所：企業会計審議会（2011）「財務報告に係る内部統制の評価及び監査に関する実施基準」（参考1「財務報告に係る全社的な内部統制に関する評価項目の例―ITへの対応」）。

　ITについての内部監査の詳細は，本内部監査実務シリーズの第3分冊『ITと内部監査』を参照されたい。

4) 会計監査

　外部監査としての会計監査と同様に内部監査としての会計監査も，会計情

報の監査である。経営監査や業務監査が実態監査であることと異なり，会計監査は会計情報等の会計方針への準拠性等を確かめることを主眼とする情報監査である[4]。

　企業グループにおける会計監査の主領域は連結財務諸表の監査である。上場会社や会社法上の大会社では，公認会計士・監査法人による外部監査として連結財務諸表監査が行われる。職業専門家である公認会計士によって行われる外部監査との重複を避けるため，通常，内部監査として会計監査が行われるケースは連結決算対象外のグループ会社の財務情報の監査等，限定的なものになる。

5）その他

　内部監査は経営の必要に応じて任意に行われるものであるから，多種多様な監査がある。たとえば，環境対策等に焦点を当てた環境監査や，特定の法令や社内ルールの遵守状況を調べるコンプライアンス監査などである。これらは上記の監査と重複する部分もあり，特定のテーマに焦点を当てた経営監査，業務監査ということもできる。

4）会計業務，経理業務，財務などの会計に関係する業務活動の内部監査は実態監査であるので業務監査として類別される。ただし，実態監査である会計業務の監査も「会計監査」に含める考え方もある。詳しくは，箱田（2009）p.13を参照。

2 会社法・金融商品取引法と企業グループ内部監査

1. わが国における法規制と内部監査

わが国における法規のなかで内部監査とかかわりが深いのは会社法と金融商品取引法である。ただし，両法とも内部監査について直接規定した条項はない。内部監査は，両法が求める内部統制の不可欠の要素として位置づけられる。以下，企業グループ内部監査の観点からそれぞれの法と内部監査についてみていくことにする（内部統制に関する会社法と金融商品取引法の対比については，**図表2-1**参照）。

図表2-1　内部統制に関する会社法と金融商品取引法の対比

	会社法	金融商品取引法
範囲	内部統制の範囲は非常に広い。コーポレート・ガバナンス，コンプライアンスや業務の有効性・効率性まで視野に入れている。	評価，監査の対象とする内部統制の範囲は，財務報告の信頼性に係る内部統制に限定されている。
対象	子会社まで含めた企業集団全体を対象にしている。	連結財務諸表を構成する有価証券報告書の提出会社及び当該会社の子会社並びに関連会社を対象とする。
内容	「業務の適正を確保するための体制」として概括的に内部統制システムの大枠が提示されている。具体的な内容は明示されていない。	「内部統制基準」及び「内部統制実施基準」で内部統制の内容が具体的に示されている。
監査	取締役の職務執行の監査の一環として監査役の監査が行われる（委員会設置会社の場合，取締役，執行役の職務執行の監査の一環として監査委員会の監査が行われる）。	経営者が作成する内部統制報告書の監査を，外部監査人である公認会計士・監査法人が行う。

出所：箱田（2009）p.91の表をもとに作成。

2. 会社法と企業グループ内部監査

2005年に制定された会社法に初めて内部統制についての条項が設けられた。もっとも，会社法では「内部統制」という用語は使われていない。会社法で

は内部統制に当たる概念を「取締役の職務の執行が法令及び定款に適合することを確保するための体制その他株式会社の業務の適正を確保するために必要なものとして法務省令で定める体制」(会社法第362条4項6号)と規定している。このなかの「法務省令で定める体制」は次のように規定されている。

株式会社の業務の適正を確保するために必要なものとして法務省令で定める体制

> 1．会社法第362条4項6号に規定する法務省令で定める体制は，次に掲げる体制とする。
> ① 取締役の職務の執行に係る情報の保存及び管理に関する体制
> ② 損失の危険の管理に関する規程その他の体制
> ③ 取締役の職務の執行が効率的に行われることを確保するための体制
> ④ 使用人の職務の執行が法令及び定款に適合することを確保するための体制
> ⑤ 当該株式会社並びにその親会社及び子会社から成る企業集団における業務の適正を確保するための体制
> 2．監査役設置会社以外の株式会社である場合には，前項に規定する体制には，取締役が株主に報告すべき事項の報告をするための体制を含むものとする。
> 3．監査役設置会社(監査役の監査の範囲を会計に関するものに限定する旨の定款の定めがある株式会社を含む。)である場合には，第一項に規定する体制には，次に掲げる体制を含むものとする。
> ① 監査役がその職務を補助すべき使用人を置くことを求めた場合における当該使用人に関する事項
> ② 前号の使用人の取締役からの独立性に関する事項
> ③ 取締役及び使用人が監査役に報告をするための体制その他の監査役への報告に関する体制

④ その他監査役の監査が実効的に行われることを確保するための体制
（会社法施行規則第100条）

　会社法が求めるこの体制を「内部統制システム」と称している。企業グループ内部監査の立場から注目すべきは上記1-⑤である。ここでは，内部統制システムを「当該株式会社並びにその親会社及び子会社から成る企業集団」において確保することが規定されている。

　「内部統制システム」は，取締役会設置会社においては取締役会の専決事項であり，取締役に委任することはできない。大会社である取締役会設置会社においては，取締役会はこれらの事項を決定しなければならない。取締役会非設置会社においては取締役の過半数の決議で決定される。大会社である取締役会非設置会社においては，取締役はこれらの事項を決定しなければならない（会社法第348条2-4項，第362条4,5項）。

　このように，会社法は内部統制の大枠については規定しているが，内部統制の中味については規定していない。内部統制の中味，とりわけその不可欠の要素である内部監査については，会社法制定後に成立した金融商品取引法と同法を基に設定された基準（内部統制基準および内部統制実施基準）によって明示された。

3. 金融商品取引法と企業グループ内部監査

　金融商品取引法（2006年成立，2007年施行，2008年4月1日以後開始事業年度より適用）は，上場会社に内部統制の構築，経営者による評価，および外部監査人による監査を義務づけた。これが「内部統制報告制度」である。

　内部統制の詳細が規定されていない会社法による法規制と異なり，金融商品取引法による法規制では，規制対象とする内部統制のフレームワークと経営者による内部統制の構築・評価，および外部監査人による監査について，企業会計審議会の「財務報告に係る内部統制の評価及び監査の基準」（内部

統制基準）で規定された。さらに，企業会計審議会の「財務報告に係る内部統制の評価及び監査に関する実施基準」（内部統制実施基準）によって，経営者による構築・評価，および外部監査人による監査の具体的な実施方法が規定された。

内部統制基準および内部統制実施基準は，いずれも次の3部構成から成る。

Ⅰ．内部統制の基本的枠組み
Ⅱ．財務報告に係る内部統制の評価および報告
Ⅲ．財務報告に係る内部統制の監査

最初の「Ⅰ．内部統制の基本的枠組み」では，日本における内部統制のフレームワークが示されている。この日本版内部統制フレームワークは，4つの目的と6項目の基本的要素によって構成される。具体的には，内部統制は，①業務の有効性および効率性，②財務報告の信頼性，③事業活動にかかわる法令等の遵守ならびに④資産の保全の4つの目的が達成されているとの合理的な保証を得るために，業務に組み込まれ，組織内のすべての者によって遂行されるプロセスをいう。このプロセスは，①統制環境，②リスクの評価と対応，③統制活動，④情報と伝達，⑤モニタリングおよび⑥IT（情報技術）への対応の6つの基本的要素から構成される（**図表2-2**参照）。

日本における内部統制のフレームワークの詳細は内部統制の解説書に譲るが，企業グループ内部監査の観点から重要ポイントをあげれば次のとおりである。

①内部統制基準および内部統制実施基準は企業グループ全体の内部統制を対象にしている。
②6つの基本的要素から構成される内部統制のプロセスは，企業グループの各構成単位および企業グループ全体において構築される。
③「Ⅰ．内部統制の基本的枠組み」は，「財務報告の信頼性」だけではなく他の目的も包含する総合的な内部統制のフレームワークについて規定している。したがって，このフレームワークに沿って内部統制を構築すれば，それは会社法が求める総合的な内部統制を企業グループ全体にわ

図表2-2　日本における内部統制のフレームワーク

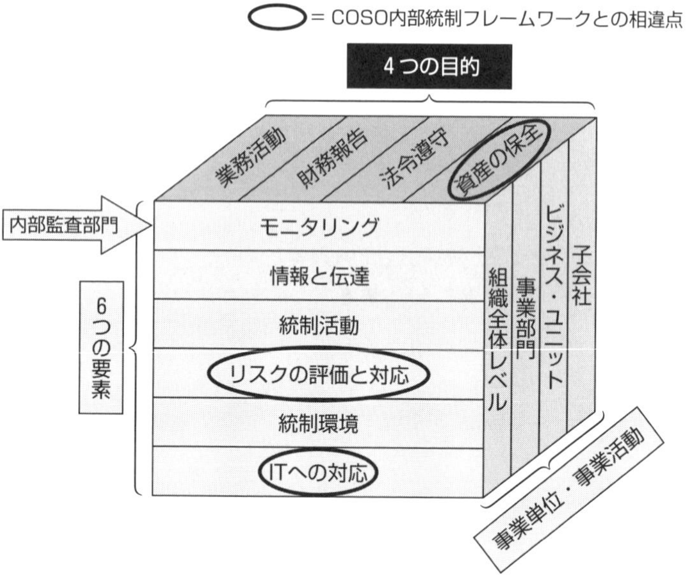

◯＝COSO内部統制フレームワークとの相違点

4つの目的：業務活動／財務報告／法令遵守／資産の保全

6つの要素：モニタリング／情報と伝達／統制活動／リスクの評価と対応／統制環境／ITへの対応

組織全体レベル／事業部門／ビジネス・ユニット／子会社

内部監査部門　→　事業単位・事業活動

出所：企業会計審議会（2007）「内部統制基準」；發知・箱田・大谷（2007）p.92の表をもとに作成。

たって構築することにもなる。

④内部監査は「モニタリング」の重要な機能として位置づけられる。内部統制フレームワークは企業グループ全体を対象としていることから、内部監査も企業グループ全体を対象として実施することが求められる。

⑤「リスクの評価と対応」は、連結企業グループ全体を対象とすることから、ERM（エンタープライズ・リスク・マネジメント）という性質をもつ。

⑥1992年に公表されたCOSO内部統制フレームワークとの相違点で最大のポイントは、COSOの「リスクの評価」に「リスクへの対応」を加えて「リスクの評価と対応」を内部統制の基本的要素の1つとしたことである。

⑦他の相違点として、「資産の保全」を内部統制の目的として、「ITへの対応」を内部統制の基本的要素として、各々明示したことがあげられる。

4. 新J-SOXと企業グループ内部監査

　内部統制報告制度は，制度導入後2年間の運用経験を踏まえて企業等からの要望・意見等に基づいて制度運用の見直しが行われた。その結果，2011年3月に基準が改訂され，改訂内部統制基準・改訂内部統制実施基準が2011年4月1日以後開始事業年度から適用された。

(1) J-SOX改訂の内容

改訂の主な内容は次のとおりである。

1) 企業の「創意工夫」に対する期待

　内部統制をどのように整備し，運用するかは，個々の企業等が置かれた環境や事業の特性，規模等によって異なるものであり，基準等で一律に示すことは適切ではなく，経営者には，それぞれの企業の状況等に応じて，内部統制の機能と役割が効果的に達成されるよう，自ら適切に創意工夫を行っていくことが期待されている。この企業の「創意工夫」への期待が改訂基準で明記された。

2) 内部統制報告制度の効率的な運用手法を確立するための見直し

　企業における効率的運用のために次の簡素化・明確化を行った。
- 企業において可能となる評価方法・手続等の簡素化・明確化
- 「開示すべき重要な不備」の判断基準等の明確化
- 中堅・中小上場企業に対する評価方法・手続等の簡素化・明確化

3) 企業の創意工夫を活かした外部監査人の対応の確保

　外部監査人に次の対応を求めた。
- 経営者が創意工夫した内部統制の評価方法・手続等についての理解と尊重

- 中堅・中小上場企業に対する適切な「指導的機能」の発揮
- 内部統制監査と財務諸表監査のいっそうの一体的実施を通じた効率化

4）用語の見直し

「重要な欠陥」という用語は，企業自体に「欠陥」があるとの誤解を招くおそれがあるとの指摘があることから，「開示すべき重要な不備」に変更した。

(2) 企業グループ内部監査部門の新J-SOX対応

「企業の創意工夫」を発揮することが期待される改訂後のJ-SOX，すなわち新J-SOXの環境において，企業グループ内部監査部門はどのように対応すべきであろうか。グループ本社内部監査部門には，リーダーシップを発揮して制度改革の狙いであるJ-SOX対応業務の効率化を企業グループ全体にわたって推進することが求められる。

企業グループの新J-SOX対応の実務において，**図表2-3**に沿って全社的な内部統制，決算・財務報告プロセスに係る内部統制，その他の業務プロセ

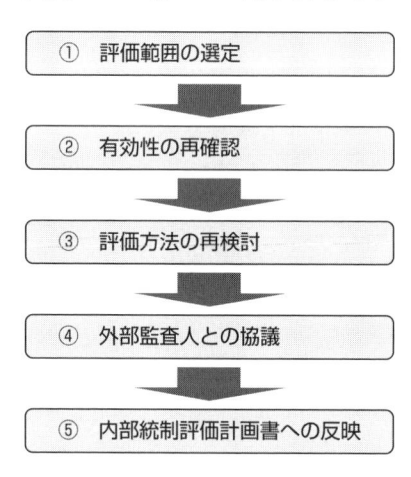

図表2-3　新J-SOX対応のステップ

① 評価範囲の選定
↓
② 有効性の再確認
↓
③ 評価方法の再検討
↓
④ 外部監査人との協議
↓
⑤ 内部統制評価計画書への反映

出所：PwC（プライスウォーターハウスクーパース）の資料をもとに作成。

スに係る内部統制，ITに係る全般統制・業務処理統制の各領域における関連業務の点検・検討を進めると，企業グループ全体にわたって組織的に効率化を進めることができる。

以下，**図表2-3**の各ステップについて説明する。

1）評価範囲の選定

新J-SOXでは，全社的な内部統制や業務プロセスに係る内部統制の評価範囲について，企業グループの状況に応じて従来以上にフレキシブルに選定できるようになった。連結ベースおよび親会社・各グループ会社の財務数値の前期実績，当期予算を検討して，前期よりも縮小できる範囲がないかとの視点でグループ会社・事業拠点および業務プロセスについて対象要否を検討する。M&A等によって企業グループの構成が変わっている場合には，新たなグループ構成で重要性の再検討を行う必要がある。

2）有効性の再確認

新J-SOXは有効な内部統制についての評価業務の効率化を狙いとしている。評価対象として選定されたグループ会社・事業拠点および業務プロセスについて，さらに業務プロセスについては「統制上の要点」（いわゆる「キーコントロール」）について有効性の再確認を行う。

有効性が確認されて内部統制に変更のない一定の領域については，前期末（すなわち当期首）を基準時として行われた前期の内部統制評価の結果を，外部監査人了解のうえ利用することができる。変更のある領域については，内部統制の有効性を確かめる評価作業を行う。変更のある領域は少なくとも当期は効率化の対象とならない可能性がある。

3）評価方法の再検討

有効性が再確認されたグループ会社・事業拠点および業務プロセスについては，ローテーションの導入などによって評価作業の効率化を図る。

また，再検討後も当期の評価対象に残る業務プロセスについては，その業務プロセスにおける有効な「統制上の要点」（キーコントロール）に適用する評価手続に関して，より簡易な手続への変更を検討する。具体的には，工数のかかるサンプリング・テストから低工数で実施可能な質問・閲覧などの評価手続への変更を検討する。

4）外部監査人との協議

　以上の検討結果を踏まえ，当期の内部統制についての経営者評価の評価範囲と評価方法の原案を取りまとめ，外部監査人に提示する。この原案は当期の内部統制評価計画書の骨子原案として取りまとめることが望ましい。

　この評価範囲・評価方法の原案は外部監査人に理解と尊重を求められる経営者の創意工夫の成果として位置づける。企業グループの連結財務諸表・内部統制報告書の監査責任を負う親会社の外部監査人はグループ監査を統括する立場から，合理性のある論理に裏づけられた経営者の評価計画案が提出されれば，効率化について自己の事務所はもとより海外メンバー・ファームなどのグループ監査を担う他の外部監査人も納得させやすい。

　この原案をもとに外部監査人と協議し，外部監査人の意見も取り入れて当期の評価範囲・評価方法として確定する。

5）内部統制評価計画書への反映

　外部監査人と合意した評価範囲・評価方法を反映させて当期の内部統制評価計画書を完成させる。完成した内部統制評価計画書を親会社取締役会などの企業グループのしかるべき会議体に上程して承認を得る。

　以上のプロセスを毎年実施して内部統制評価業務の効率性向上を継続的にすすめる。評価業務効率化の前提は内部統制の有効性である。内部統制が有効とは認められないグループ会社については，経営者の自覚を促して内部統制の改善に努めることが重要である。

5. 各種法規制コンプライアンスと内部監査

　これまでみてきたとおり，わが国には内部統制を規制する法律として会社法と金融商品取引法という2つの法律がある。しかし，企業の内部統制はひとつであり，法律ごとに別々の内部統制がある訳ではない。会社法は「当該株式会社並びにその親会社及び子会社から成る企業集団」を対象とし，金融商品取引法は「当社（親会社），子会社及び関連会社を含む連結企業グループを対象とする」，というように規定の仕方に若干の違いはあるが，両法とも基本的に企業グループ全体を包含する総合的な内部統制を求めている。内部監査は内部統制の重要な要素として企業グループ全体を対象として実施することが求められる。

　大局的な観点からは，金融商品取引法が求める内部統制は会社法が求める内部統制に包含されるということができる。上場会社の内部監査部門には，会社法と金融商品取引法へのコンプライアンスの同時充足を達成する内部統制の監査が求められる。非上場会社の場合，会社法へのコンプライアンスは求められるが，金融商品取引法の内部統制関連の規制は受けない。しかし，企業会計審議会の内部統制基準は，財務報告目的に限らず法令遵守目的を含む総合的な内部統制について具体的に規定し，そのなかで内部監査の役割も明示していることから，これを参考にして内部統制の構築と内部監査を行うことが効果的である。

　さらに，企業の属する業種や従事する事業によっては，各種の業法等で直接・間接に内部統制や内部監査が要求されることがある。このような場合，ひとつの内部監査部門で各種法規制に対応する統合内部監査が検討課題になる。内部統制の実態はひとつであることから，各種法規制の同時充足を図る統合内部監査は，深みのある監査の実施を可能とし，また，監査対象部門の負担も軽減することから，効果的かつ効率的な内部監査であるということができる。このような統合内部監査は，単体企業においても企業グループにお

いても内部監査部門の共通の課題である。

3 企業グループの内部監査体制

1. 企業グループのマネジメント・コントロールと内部監査体制

企業グループの内部監査体制を構築する際に，まず，企業グループのマネジメント・コントロールがどのような方式で行われているか十分理解する必要がある（本書の7～22ページ「4．企業グループのマネジメント・コントロール」を参照）。そのうえで，マネジメント・コントロールの方式に応じたモニタリング機能として内部監査の組織体制を構築する。

企業グループの組織戦略を反映して企業グループ内部監査体制も大別して2つの形態がある。グループ本社集中管理型の企業グループ・マネジメントの方式に応じた集中型と，子会社自主経営尊重型の企業グループ・マネジメントの方式に応じた分担型である。

集中型は内部監査機能をグループ本社に集中する形態である。分担型は，グループ本社に加えて主要グループ会社にも内部監査部門を設置し，本社と各社の内部監査部門が分担して内部監査を行う形態である。（**図表3-1参照**）。

図表3-1　グローバル内部監査体制の2形態

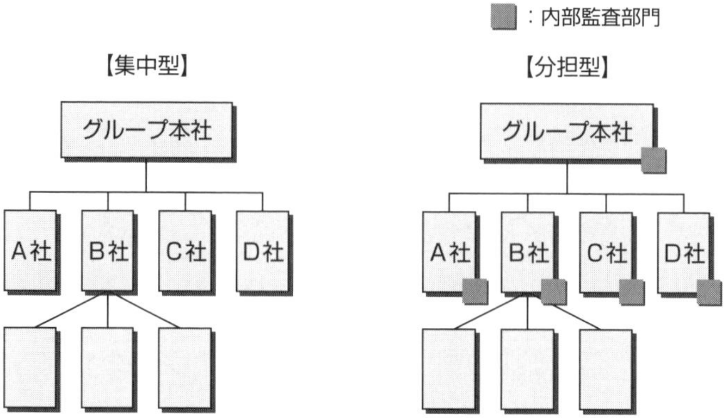

■：内部監査部門

【集中型】　　　　　　　　【分担型】

出所：箱田（2009）p.173。

❸ 企業グループの内部監査体制

　企業グループの経営意思決定をグループ本社に集中して行う組織戦略をとっているグループ本社集中管理型の企業グループの場合には，内部監査も集中型の方が整合する。一方，グループ会社各社の経営の自主性を尊重する組織戦略をとっている子会社自主経営尊重型の企業グループの場合には，経営意思決定機能の分散状況にあわせて内部監査部門を分散配置し，各内部監査部門が分担して企業グループ全体の内部監査を行う体制をとる方が組織戦略に整合する。

　グループ本社の主導性の強い米欧のグローバル企業には集中型のグローバル内部監査体制が多くみられる。これらの企業で本国以外の地域にインターナル・オーディターを配置する例もみられるが，これは地理的遠隔性に対応するためにグループ本社内部監査部門の出先機関を設置しているに過ぎず，組織形態としては集中型に変わりない。

　日本の企業グループの場合，分担型ないし分散型の企業グループ内部監査体制が多い。日本企業は伝統的にグループ会社各社の経営の自主性を尊重する傾向が強く，内部監査も経営の重要機能のひとつとして各社で設置されている例が多い。また，M&Aによって内部監査部門をもつ企業が新たにグループ会社となった結果，企業グループとしての内部監査機能が分散配置されることになった，というケースもある。

　このように企業グループ内で内部監査部門が分散している場合，親会社およびグループ会社各社の内部監査部門の間での連携が課題となる。連携していなければ内部監査機能は単に分散しているということになる。インターナル・オーディターの教育研修など合同した方が効果的な機能は合同し，各監査部門が連携し，グループ全体を分担して監査を行う分担型の企業グループ内部監査体制を実現すべきである。

　内部統制報告制度への対応では，内部統制の評価はグループ本社主導で実施する必要があることから，内部監査部門が評価業務に従事する場合，グループ本社監査部門と各社監査部門との連携はきわめて重要になる。統合的なグループ経営管理，制度対応等の観点からは集中型の方が効率的である。

しかし，効率性だけで組織のあり方が決まるものではない。内部監査をどのような組織形態とするかは企業グループの組織戦略によって決まるものである。組織戦略に応じて集中型，分担型，その折衷型，その他の多様な組織形態がありうる。

また，グループ会社は各々独立した法人であり，完全子会社でないかぎり少数株主が存在すること，さらに，海外グループ会社の場合は所在国のガバナンス規制やビジネス慣習があり，必ずしも親会社内部監査部門がグループ全体にわたってストレートに指揮権を発動することができないという実情もある。このような場合は，親会社とグループ会社各社の内部監査部門で内部監査部門協議会，内部監査委員会／コミッティーなどのグループ・レベルの常設会議体を設置して企業グループ内部監査体制の中核にすえることも検討課題である。

すべての企業グループに適用できる企業グループ内部監査体制の単一モデルはない。"One design does not fit all." といえよう。各社の実情に応じた体制構築が必要である。

2. 企業グループ内部監査体制の実例

これまで述べてきたとおり，企業グループの内部監査体制にはさまざまな形態がある。ここでは，体制構築の参考に供するため，本社集中型の代表的な例として(1)監査業務別内部監査体制と(2)国内・海外別内部監査体制を，グループ会社分担型の例として(3)地域別内部監査体制と(4)カンパニー別内部監査体制をあげる。

(1) 監査業務別内部監査体制

監査業務の種別に監査チームを編成する例である。今日の企業グループ内部監査においてはIT監査（システム監査）が不可欠であることから，一般の業務監査を担当する業務監査チームとは別に，システム監査のスキルセッ

❸ 企業グループの内部監査体制

トを備えたインターナル・オーディターによるIT監査チームを編成するケースが典型的な例である。

米欧のグローバル企業の内部監査部門では一般にITと内部監査のスキルを合わせもちシステム監査に精通した要員によってIT監査チームを編成している。グループ会社内部監査においては，IT監査チームのメンバーと業務監査に精通した業務監査チームのメンバーによる共同チームが分担して監査業務を行っている。わが国の企業グループにおいてもそのような形態が増えてきている。

IT監査のように専門的なスキルが要求される領域においては，専門チームを編成することが内部監査の実効性を高め，担当者のスキルアップにも寄与し，内部監査の継続的な高度化に資すると考えられる。監査部門内に課やチームを作る場合には，まずITチームの編成を検討することを推奨する。

さらに，数十人以上の大規模な内部監査部門の場合には，企画，総務などの内部監査部門内の間接業務を担うチームを編成することも必要になる。

(2) 国内・海外別内部監査体制

海外事業を展開する企業グループにおいては，海外グループ会社の内部監査が課題となる。IT同様，海外グループ会社の内部監査には外国語のスキルが必要になる。とくにグローバル企業や複数の国で事業展開している場合には，英語が必須スキルといえる。英語と監査のスキルを合わせもった人材を確保して海外監査を担当する専門チームを編成することが実務的である。

しかし，実際には，日本語・英語の語学力と監査のスキルを合わせもったインターナル・オーディターはそれほど多くない。海外グループ会社の内部監査をまだ自力で実行するだけの力量がない内部監査部門は，内部の人材が育つまで，海外往査に長けた外部の内部監査プロフェッショナルを海外監査チームに加えることも検討課題になる。

日本語はできないが英語力と監査のスキルをもった人材は海外には多数いる。世界的視野でみると，英語力よりも日本語力の方に希少価値がある。グ

ループ本社内部監査部門がリーダーシップを発揮してグローバル内部監査を推進できるようになれば，海外グループ会社の内部監査には日本語力を必須とせずに英語力と監査のスキルをもったインターナル・オーディターを充当することができるようになる。IT監査チームの編成に加えて，業務監査でも海外監査チームを別編成する例を**図表3-2**に掲げた。

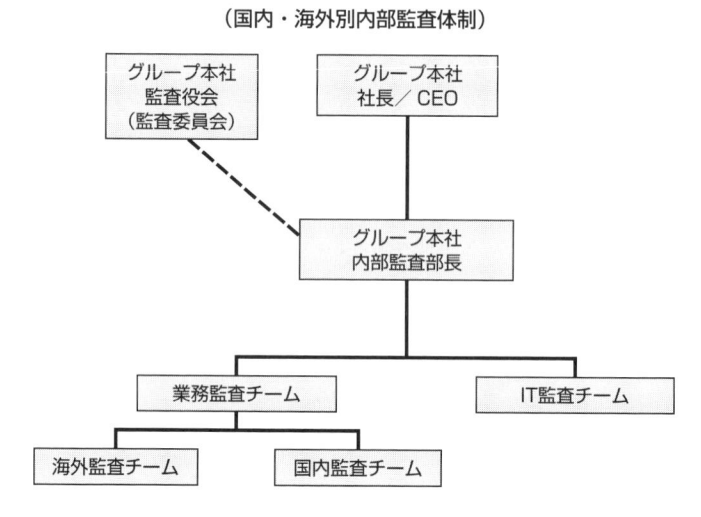

図表3-2　企業組織グループ内部監査体制の実例

（国内・海外別内部監査体制）

```
         グループ本社              グループ本社
         監査役会                  社長／CEO
        （監査委員会）
              ╲                       │
               ╲                      │
                ╲─────── グループ本社
                         内部監査部長
                              │
                ┌─────────────┴─────────────┐
          業務監査チーム                IT監査チーム
                │
        ┌───────┴───────┐
    海外監査チーム    国内監査チーム
```

(3) 地域別内部監査体制

世界的規模で企業活動を行うグローバル企業の場合には，各地域に地域統括拠点（Regional Headquarters）を設置して地域別に事業活動を統括する企業グループ管理体制の形態がみられる。たとえば，アジア地域統括本部をシンガポールに，欧州地域統括本部をロンドンに，北米地域統括本部をニューヨークに設置するといったグローバル管理体制である。

このような経営形態のグローバル企業では，域内内部統制の一環として地域統括拠点に内部監査部門を設置することが実務的である。統一感のあるグ

❸ 企業グループの内部監査体制

ローバル内部監査の実効性の観点からは，グループ本社内部監査部門管轄下に各地域に監査チームを設置することが望ましい（**図表3-3参照**）。

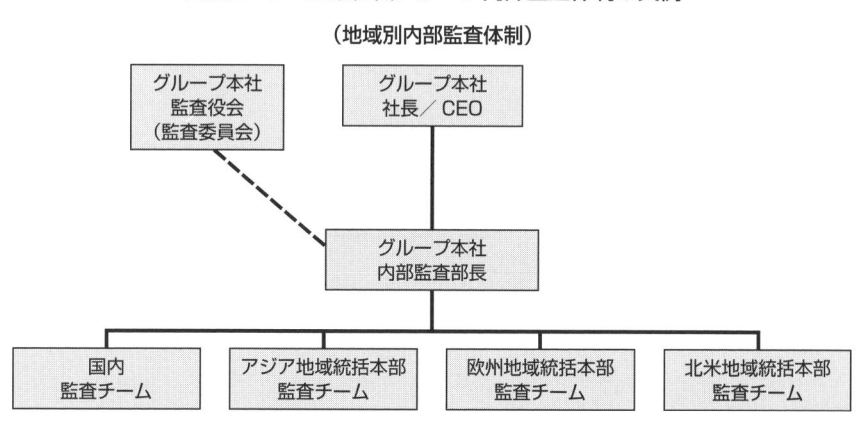

図表3-3　企業組織グループ内部監査体制の実例
（地域別内部監査体制）

```
          グループ本社              グループ本社
          監査役会                  社長／CEO
         （監査委員会）
              |                        |
              |                        |
              └ - - - - - - - ┐        |
                              |        |
                          グループ本社
                          内部監査部長
            ┌─────────┬─────────┼─────────┬─────────┐
         国内      アジア地域統括本部  欧州地域統括本部  北米地域統括本部
         監査チーム    監査チーム        監査チーム        監査チーム
```

(4) カンパニー別内部監査体制

コングロマリット等，多種の事業を展開する企業グループの場合，事業別にカンパニーを設置してグループ経営を行う形態がある。また，事業本部制等，カンパニー制以外にも事業別の企業グループ組織編制の手法がある。

このような組織形態では，カンパニーに高度の経営の自主性をもたせるためにカンパニー本部に内部監査部門を含む経営スタッフを配置することが多い。この場合，企業グループ内部監査の実効性からはグループ本社内部監査部門管轄下に各カンパニーに監査チームを設置することが望ましい（**図表3-4参照**）。

このようなカンパニー別内部監査体制を構築する場合，グループ本社内部監査部門とカンパニー内部監査部門の分担もあわせて検討する必要がある。たとえば，グループ本社内部監査部門はグループ・レベルの経営監査を担当し，カンパニー内部監査部門はカンパニー内の経営監査と業務監査を担当す

図表3-4　企業組織グループ内部監査体制の実例
（カンパニー別内部監査体制）

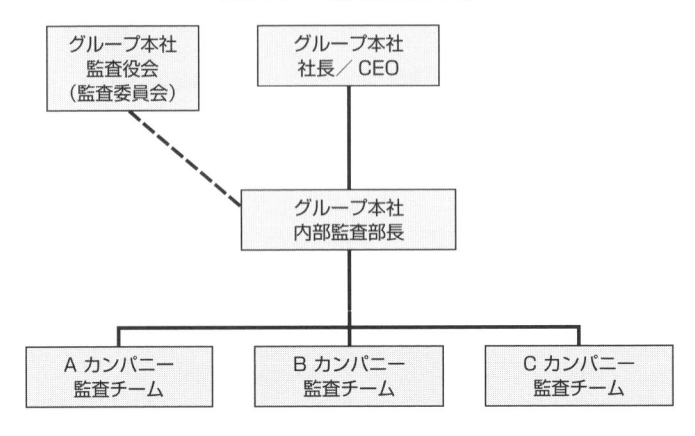

```
グループ本社              グループ本社
監査役会                  社長／CEO
（監査委員会）
     ┆                      │
     └┄┄┄┄┄┄┄┄┄ グループ本社
                  内部監査部長
          ┌──────────┼──────────┐
     Aカンパニー   Bカンパニー   Cカンパニー
     監査チーム    監査チーム    監査チーム
```

るといった分担である。

3. 企業グループ内部監査体制構築のポイント

　以上述べてきたとおり，すべての企業グループに適合する内部監査体制の単一モデルはない。大きくは集中型，分担型といった内部監査体制の類型はあるが，そのような類型を参考にしつつも自社に相応しい内部監査体制を構築することが必要である。この章の締めくくりとして，企業グループ内部監査体制を構築するうえで留意すべきポイントを以下にあげる。

(1) 経営戦略の理解

　内部監査は経営のために行うものであることから，企業グループの経営が何を目指し，どのように事業展開を行おうとしているか，グループ本社内部監査部門長は経営戦略についての深い理解を必要とする。経営戦略の理解は企業グループ内部監査体制構築の出発点である。

　さらに，経営戦略に基づく監査の視点はリスク分析・監査計画から監査報

告・フォローアップに至る内部監査の全プロセスにおけるインターナル・オーディターの考察の原点となるものである。内部監査のなかでも経営監査は経営戦略と直接結びつくものであり，業務監査などその他の内部監査においても，経営に役立つ内部監査を志向するうえで絶えず経営戦略を念頭においた考察が求められる。

(2) 内部監査についてのトップ・マネジメントの認識を得る

　内部監査部門長を始めインターナル・オーディターが経営戦略を理解すると同時に，内部監査の必要性について経営者の認識を得ることが内部監査の実効性を確保するうえで不可欠である。とくに企業グループの内部監査においては，グループ本社のトップ・マネジメントの内部監査についての認識は重要である。グループ本社のトップ・マネジメントがグループ経営にとって内部監査が重要な機能であることをしっかりと認識してグループ各社の役職員に内部監査への協力や監査指摘事項への対応を促すメッセージを伝えることによって，企業グループ内部監査の実効性を確保することができる。内部統制において最も重要とされる"Tone at the top"（トップの気風）が内部監査の基盤として威力を発揮するといえよう。

(3) 企業グループ内部監査体制のフレームワークの設計

　前述のとおり，経営者は経営戦略に基づく経営組織の編成を行う。内部監査責任者は，経営戦略とそれに裏打ちされた経営組織の目指すところを深く理解して，企業グループ内部監査体制のフレームワークを設計する。集中型か分担型かといった企業グループ全体の内部監査体制のフレームワークを検討し，さらに，内部監査部門内部の組織編制も検討する。経営組織のあり方が各社各様であるように内部監査体制のあり方も各社各様である。理論や他社事例を参考にしつつも，経営のために行う内部監査という原点に立ち返って，自社のグループ経営にふさわしい内部監査体制のフレームワークを設計しなければならない。

(4) 内部統制報告制度への対応

上場会社の場合，金融商品取引法に準拠した内部統制報告制度への対応が求められる。そのために，上場会社は，企業グループ全体を対象とする内部統制を構築・運用し，内部統制のなかでも財務報告に係る内部統制については経営者が評価し（ここでは「経営者評価」という），さらに外部監査人が監査を行うことになる。

とくに経営者評価は内部監査と密接にかかわる局面である。企業グループ内部監査体制構築において，内部監査と内部統制の経営者評価との関係を整理し，整合性のある両者の体制構築を行うことが必要である。具体的には，内部監査部門が経営者のために内部統制の経営者評価の実作業を担うのか，あるいは，内部監査部門とは別の部門が経営者評価を行って両部門の連携を図る，といったことがポイントになる。

(5) 企業グループ全体をカバーする内部監査マネジメントの確立

以上の体制構築の成果を踏まえて企業グループ全体をカバーする永続的な内部監査マネジメントの体制を確立する。そのポイントについて，次に詳述する。

4. 企業グループ内部監査マネジメントのポイント

企業グループ内部監査は，企業グループ全体を対象とする大規模で永続的な業務である。グループ本社の内部監査部門長は，企業グループ全体の内部監査部門が経営に資する内部監査を組織的に，計画的に，そして永続的に実行できるようにマネージする責任を負う。集中型か分担型かなどの内部監査体制の状況によって異なるが，少なくとも次に掲げる項目についてはグループ本社内部監査部門がリーダーシップを発揮することが望まれる。

❸ 企業グループの内部監査体制

(1) 企業グループ内部監査戦略の立案

　企業グループ内部監査の基本的な考え方や方針を監査戦略としてまとめ，グループ本社のマネジメントおよびガバナンス機関の合意を得て，親会社，グループ会社の内部監査部門全体に提示する。

　企業グループの内部監査戦略は，経営に役立つ内部監査を行うという立場から，企業グループの経営戦略に基づいた経営が行われていることを確かめる企業グループ経営活動のモニタリングを実施することが骨子になる。

(2) グループ経営についての情報収集・共有

　グループ経営に役立つ内部監査を行うためにはグループ経営の動向を絶えず把握する必要がある。そのために，グループ本社内部監査部門長は，企業グループ全体についての経営・財務情報を入手し，親会社マネジメントとのミーティングなどをとおして経営者目線での状況認識をもつように心がける。さらに，グループ経営についての基本的な情報はグループ会社各社の内部監査部門責任者ともタイムリーに共有することが重要である。

(3) グループ本社マネジメントおよびガバナンス機関とのコミュニケーション

　経営ニーズや経営リスクを常に把握して良好な関係を維持するために，グループ本社内部監査部門長は，グループ本社のマネジメントやガバナンス機関（監査役／監査役会，監査委員会など）とのコミュニケーションを図る必要がある。親会社レベルで内部監査部門がマネジメントやガバナンス機関との良好な関係を維持することは，グループ会社レベルでの内部監査部門とマネジメント等との関係維持にも寄与する。

(4) 内部監査についての情報収集・共有

　内部監査の最新動向などの外部情報や，内部監査指摘事項や改善事例とい

ったグループ内部の情報を収集し，グループ各社の内部監査部門に提供する。グループ内のすべてのインターナル・オーディターがアクセスできる内部監査データベースを構築すれば，リアルタイムで情報を共有することができ，グループのナレッジベースとして活用することができる。

(5) グループ全体の内部監査活動のモニタリング

企業グループのどこでどのような内部監査プロジェクトが計画され進行しているか把握して企業グループ全体の内部監査活動のモニタリングを行う。グループ本社内部監査部門がグループ全体にわたる内部監査の指揮権をもつ場合，全体状況の把握は必須である。また，そのような権限をたない場合でも，全体状況を把握して，経営者やグループ各社内部監査部門と情報共有することは有意義である。

(6) グループ全体の観点での問題指摘と改善提案

企業グループの場合，内部監査の過程で問題点を指摘しても，グループ会社単体では解決できない場合が多い。情報システムその他，グループ全体の経営体制にかかわる事項が好例である。このような問題に対しては，内部監査上，グループ全体の観点での問題指摘と改善提案を行う必要がある。グループ本社内部監査部門は，このような事案に遭遇した各社内部監査部門を支援し，グループ本社主管部署等と連携してグループ全体の観点での対応を図ることが望まれる。

(7) 企業グループとしてのコンプライアンス対応

上場会社における内部統制報告制度への対応などの企業グループ全体としての制度対応が求められる事項や，企業倫理コンプライアンス・プログラムなどの企業グループとして自主的に制度設計している事項を始め，企業グループ全体としてコンプライアンスが求められる事項にかかわる内部監査業務については，グループ本社内部監査部門がリーダーシップを発揮して対応す

ることが必要である。

(8) 人材育成

企業活動を行ううえで活用する経営資源として，人材，資金，有形・無形資産，情報などがあげられる。そのなかで，経営への貢献を志向する内部監査にとって重要な資源は人材である。内部監査の経営資源を人材だけである，といっても過言ではない。採用，教育・研修から人事評価に到るインターナル・オーディターの育成はきわめて重要である。

人材育成をグループ各社の内部監査部門でばらばらに行うことは非効率であり個々のインターナル・オーディターの士気向上にもつながりにくい。実効性の高い人材育成を行って企業グループ全体のインターナル・オーディターの士気を向上させるために，グループ全体での人材育成策，組織的な教育・研修計画，そして公平な人事評価をグループ本社内部監査部門のリーダーシップで立案・実行することが必要である。

(9) 内部監査の品質管理

内部監査の実効性を確保して経営に役立つ内部監査であると経営者を始めとする内部監査のステークホルダーから評価されるために，企業グループ全体の内部監査の品質管理もグループ本社内部監査部門の重要な役割である。

一定水準の内部監査の品質を保ち，さらに不断の品質向上を図るために，個々の内部監査プロジェクトの監査調書や監査報告書のレビューをとおしての品質管理や，内部監査の品質評価を企業グループ内部監査活動の全体にわたって企画・推進することがグループ本社内部監査部門に求められる。

内部監査人協会（IIA = The Institute of Internal Auditors）の「内部監査の専門職的実施の国際基準」（"International Standards for the Professional Practice of Internal Auditing"）では，次のような内部監査の品質評価（品質のアシュアランスと改善のプログラム）を義務づけている（詳しくは本内部監査実務シリーズの第1分冊『内部監査の基礎知識』参照）。

① 内部評価……監査部門内におけるレビュー（継続的モニタリングと定期的レビュー）
② 外部評価……外部の内部監査専門家によるレビュー
③ 自己評価と独立した検証……監査部門内の自己評価を外部専門家が検証する（外部評価の代替手続）

内部評価については，親会社とグループ会社の内部監査部門の役割分担を検討する必要がある。また，外部評価については，IIAは，最低でも5年に1度実施することを求めている。外部評価は，企業グループ内部監査全体を一括してレビューを受けることが効果的，効率的である。

グループ本社内部監査部門は，グループにおける内部監査活動の全体にわたって，このような品質評価を行い監査品質を維持する必要がある。

5. 内部監査の高度化

企業グループ内部監査体制を維持し不断の改善を図るためには，積極的に内部監査の高度化を進めることが効果的である。それはインターナル・オーディターの士気を高め，監査品質を高めることにもつながる。グループ本社内部監査部門では次の点に留意して内部監査の高度化を進めることが望まれる。

(1) 内部監査に関する最先端の理論・知識の収集と共有

企業グループ内部監査の高度化には，理論的な裏づけと新しい知的情報の吸収およびグループ全体での活用が必要である。日本国内の情報だけではなく海外情報にも目を配る必要がある。とくに，米国の内部監査は日本よりも先行する傾向があり，米国の内部監査の動向は絶えず注視する必要がある。

内部監査人には自己実現意欲の高い人が多いことから，最先端の理論・知識に接する機会を提供することは内部監査部門の士気向上につながる。

(2) 監査手法・監査ソフトウェアの活用

　グループ本社内部監査部門は，効果的・効率的な内部監査を実施するために，より先進的な監査手法や監査ソフトウェアを導入するよう心がけるべきである。

　とくに，監査ソフトウェアをリスク分析・監査計画から監査実施・報告，フォローアップまでの内部監査の全プロセスのプラットフォームとして活用することができれば，監査の効率は著しく向上する。

　監査法人では監査ソフトウェア使用による外部監査（会計監査や内部統制監査など）の実務が一般的になっている。内部監査は外部監査と違って非定型的な監査となることから，ソフトウェアに搭載するコンテンツは多様となるが，監査ソフトウェア自体の有効性は否定できない。北米，欧州，東南アジアなどの海外諸国では，外部監査同様，内部監査でも通常，監査ソフトウェアを使用している。

　とくに企業グループ内部監査においては広範な監査対象に対して多くの人材を投入して組織的な内部監査を行うことから，世界に通用する先進的な監査手法を適用し，世界標準の監査ソフトウェアを使用してグループ全体で監査を行うことは監査の高度化に大きな威力を発揮する。

(3) 内部監査のベンチマーク

　グループ本社内部監査部門は常に他社の内部監査の動向に留意して自社の参考になる点を取り入れてグループで展開することを心がけるべきである。

　他社動向についての情報を収集するだけでなく，ベンチマークなどの経営手法の援用が効果的である。他社と自社の比較検討を行うベンチマークや，先進事例を学ぶベスト・プラクティスの探求といった手法を活用して，自社に利用できることを積極的に吸収すべきである。企業グループ内部監査については，米欧系やアジア系のグローバル企業には学ぶべき点が多い。とくに，新たに中国，インドなどのアジア新興国に進出する企業の場合，シンガポー

ルや香港に内部監査本部ないし地域内部監査部門をおいてこれらの国で長期間にわたって事業展開している企業のアジア新興国における内部監査の進め方は，これらの地域における内部監査を進めるうえで参考になる。

(4) その他の内部監査高度化の方策

グループ本社内部監査部門は，経営を支える内部監査を志向し，自社グループの内部監査の向上に役立つ情報にいつも目を光らせて応用することが望まれる。

また，内部監査高度化の芽は，日ごろの内部監査業務を実施するなかで気づく監査の進め方についての改良・向上のアイデアなどにも見いだすことができる。日ごろから問題意識をもって仕事に取り組むことが大切である。

絶えず向上を心がける前向きの風潮をグループ全体で醸成できれば，活力ある企業グループ内部監査体制を構築することができるであろう。

4 企業グループにおける三様監査のあり方

1. 三様監査とは何か

(1) 三様監査とその担い手

　会社法上の大会社（資本金5億円以上または負債200億円以上の株式会社）の場合，内部監査，監査役監査（または監査委員会監査）および公認会計士監査（外部監査として公認会計士または監査法人が行う監査）の3通りの監査が行われる。これを三様監査という。以下，三様監査の担い手について説明する。

1) 監査役

　日本の監査の歴史をみると，三様監査の担い手のなかで最初に登場するのが監査役である。ドイツ商法典を範とする改正明治商法（1899年制定）で「監査役」が規定され，民間企業における制度監査として監査役監査が始まった。

　現在，監査役は，会社法上の「大会社」と，大会社でなくとも会社法上の「公開会社」であれば，「委員会設置会社」でないかぎり必須設置の会社機関である。（会社法上の各「会社」の定義については，本書の11ページ「column」参照。）

　さらに，会社法上の公開会社である大会社は，委員会設置会社でないかぎり，3人以上の監査役全員で組織される監査役会を設置しなければならない。監査役会設置会社では，監査役のうち半数以上は社外監査役でなければならず，また，監査役のなかから常勤監査役を選任しなければならない。

　なお，委員会設置会社の場合には，監査役を設置することはできず，監査委員会が監査役会と類似した機能を担う。

　このように，監査役監査（あるいは監査委員会監査）は，会社法に規定された法定監査である。

2）公認会計士

公認会計士制度は，第二次大戦後，証券取引法，証券取引所などの一連の証券取引制度の一環として米国の諸制度を見習って導入されたものである。1951年には証券取引法に基づく公認会計士監査が始まった。今日，公認会計士・監査法人による外部監査は，金融商品取引法，会社法その他の法令によって義務づけられた法定監査として行われる。なお，経営者や株主の依頼によって任意監査として公認会計士・監査法人による外部監査が行われる場合もある。

商法・証券取引法の時代には，公認会計士は，商法上の会計監査人として計算書類などの「適法性」について監査意見を表明する「適法性監査」を行い，一方，証券取引法上の監査人として財務諸表などの「適正性」について監査意見を表明する「適正性監査」を行っていた。会社法が成立し，証券取引法が金融商品取引法に再編されてからは，公認会計士は，会社法上の会計監査人としての計算書類などの「適正性」について意見表明を行うこととされ，金融商品取引法上の財務諸表などの「適正性」についての意見表明と平仄（ひょうそく）が合わせられた。今日では，会社法，金融商品取引法とも，公認会計士は「適正性監査」を行う。

3）内部監査人（インターナル・オーディター）

内部監査人による内部監査は，大正・昭和初期に財閥系企業で行われるようになった。第二次大戦中には，軍部の指導もあって軍需工場を擁する工企業（製造業）を中心に内部監査が本格的に行われるようになった。戦後は，米国からも内部統制・内部監査の手法が導入され，一般企業でも内部監査が行われるようになり今日に至っている。

内部監査は，監査役監査（あるいは監査委員会監査）や公認会計士・監査法人による外部監査と異なり，法律によって義務づけられたものでなく，会社の任意で行われる任意監査である。

(2) 各監査の比較

 同じ監査といっても，三者の立場や役割は大きく異なる。**図表4-1**に企業グループの観点から三様監査の比較を示した。以下，内部監査の立場から他の監査との相違点を概観していく。

1) ミッション，法的根拠

 内部監査は任意監査であり，内部監査のミッションは自由に設定できる。内部監査の長い歴史のなかでそのミッションは洗練されてきた。当初，問題点を検出することが内部監査人の役割とされていたが，次第に問題発見にとどまらず改善提案まで内部監査人に期待されるようになった。今日では，経営に資する目的で行うアシュアランス（合理的保証，狭義の監査）とコンサルティングをミッションとすることが内部監査の世界的な潮流となっている。
 一方，監査役監査（あるいは監査委員会監査）と外部監査としての公認会計士監査は法定監査であり，そのミッションはそれぞれの監査を義務づける法令によって規定されている。代表的な例は，会社法に基づいて監査役が行う取締役の職務執行の監査，会社法・金融商品取引法に基づいて公認会計士が行う財務諸表・計算書類や内部統制報告書の適正性の監査などである。

2) 監査対象，監査の性質

 任意監査である内部監査は監査対象を自由に設定できる。従来は内部統制を対象とする内部監査が中心であったが，世界的な潮流として，内部統制に加えてリスク・マネジメントやコーポレート・ガバナンスなども含めた幅広い領域の内部監査が求められるようになってきている。これらの監査は内部統制等の実態を監査する実態監査である。
 一方，監査役監査（あるいは監査委員会監査）と外部監査としての公認会計士監査では，監査対象は法令等で規定されている。監査の性質としては，監査役監査は内部監査と同様に実態監査が中心である。他方，外部監査とし

❹ 企業グループにおける三様監査のあり方

図表 4-1 三様監査の比較（企業グループの観点から）

	内部監査	監査役監査／監査委員会監査	外部監査（公認会計士監査）
ミッション	経営諸活動の内部監査とコンサルティング	・監査役設置会社：取締役の職務執行の法令および定款への適合性の監査 ・委員会設置会社：執行役，取締役等の職務執行の法令および定款への適合性の監査 ・経営業務の妥当性の監査（異論あり）	財務諸表等（会社法上の計算書類・連結計算書類，金融商品取引法上の財務諸表・連結財務諸表等）および金融商品取引法上の「内部統制報告書」の適正性の監査等
法的根拠	法律によって強制されない	会社法	会社法，金融商品取引法等
監査対象	内部統制，リスク・マネジメント，ガバナンス等	・監査役設置会社：取締役の職務執行 ・委員会設置会社：執行役，取締役の職務執行	・財務諸表 ・上場企業については，経営者が作成する「内部統制報告書」
監査の性質	主に実態監査	実態監査および情報監査（「事業報告」等）	情報監査
監査人	内部監査人（内部監査部門／外部専門家）	監査役／監査委員	公認会計士・監査法人
監査人の選任	経営者が選任	株主総会で選任	株主総会で選任
監査基準	内部監査基準（IIA，日本内部監査協会），監査規程等	監査役監査基準（日本監査役協会）等	監査基準（企業会計審議会）
独立性	・企業グループ親会社経営者直属の内部監査部門の場合，企業グループ親会社経営者からの独立性は求められない ・監査対象からの独立性は必須	・監査役設置会社：取締役からの独立性は必須 ・委員会設置会社：執行役からの独立性は必須	監査対象である企業グループからの独立性は必須
経営監査	・経営ニーズに応じて経営諸活動の監査を実施 ・J-SOX対応では，全社的な内部統制の評価を実施する	監査の主領域。経営職務執行の監査をミッションとする	基本的に対象外。ただし，「全社的な内部統制の評価」は，下記の経営者が作成する「内部統制報告書」の基礎となる
業務監査	・ニーズに応じ，様々な業務活動の監査を実施 ・J-SOX対応では，決算・財務報告に係る業務プロセス，その他の業務プロセスの評価を実施する	・経営業務活動の監査 ・事業報告の監査	・財務諸表監査の過程における内部統制評価 ・上場企業については，経営者が作成する「内部統制報告書」の監査
会計監査	ニーズに応じ，会計関連の監査を実施	・計算書類・連結計算書類の適法性の監査 ・会計監査人設置会社においては，監査役等は，会計監査人の監査の方法と結果の相当性を判断して，計算書類の適法性を確かめる	財務諸表，計算書類等の財務関連情報の監査 年次・（中間）・四半期決算報告の会計原則準拠性を評価する
監査の定期性	法律の定めはない。年次監査計画に基づく通年監査（常時監査）。経営者等の要請に応じ特命監査も随時実施	報告は年次。監査は通年実施	上記の法定の監査対象期間あり
報告先	代表取締役（代表執行役），（監査役・監査役会／監査委員会），その他	代表取締役（代表執行役），会計監査人（写）	代表取締役（代表執行役），監査役・監査役会／監査委員会
コンサルティングの提供	あり。コンサルティングは監査と並ぶ内部監査の使命	適宜，助言は行われるが，監査役監査／監査委員会監査の本来的使命ではない	なし。監査とコンサルティングの同時提供禁止。ただし，公認会計士が監査先以外の会社にコンサルティングを行うことはできる
主な情報利用者	経営者，社内関係者	株主，債権者等	株主，一般投資家，債権者等

出所：箱田（2009）p.159 をもとに作成。

ての公認会計士監査は，経営者が作成する財務諸表や内部統制報告書といった情報の監査（情報監査）である。

3）監査人の要件とその選任

内部監査を担う内部監査人（インターナル・オーディター）についての資格要件や選任についての規制はない。通常，内部監査は経営に資する目的で行われることから，経営者が内部監査のミッションに照らして適性のある人を内部監査人として選任する。企業グループでは，重要な役割を担うグループ本社の内部監査部門長をグループ本社経営者が選任する。

一方，監査役（あるいは監査委員）や会社法監査の会計監査人は株主総会で選任することが会社法で規定されている。資格要件については，監査役については特段の資格は要件とされない。ただし，監査役会を構成する監査役の半数以上を社外監査役にするとの要件がある。なお，東京証券取引所や大阪証券取引所は，上場会社に独立役員（一般株主と利益相反が生じるおそれのない社外取締役または社外監査役）を1名以上確保することを求めている。

会計監査人や金融商品取引法に基づく監査の監査人については公認会計士あるいは監査法人であることを資格要件とする。

4）監査基準

内部監査については日本内部監査協会が制定した「内部監査基準」が監査の拠りどころとされる。ただし，国際的に事業展開している企業グループの内部監査の場合，内部監査人の国際組織である内部監査人協会（IIA = The Institute of Internal Auditors，本部＝米国）が設定する「内部監査の専門職的実施の国際基準」（"International Standards for the Professional Practice of Internal Auditing"）にも依拠する必要がある（本書の94～96ページ「(2)内部監査基準の選定」参照）。

監査役監査については日本監査役協会が制定した「監査役監査基準」が監査の拠りどころとされる。

外部監査としての公認会計士監査は，企業会計審議会が制定した「監査基準」に基づいて行われる。さらに，内部統制監査の場合には，同審議会が制定した「内部統制基準」に基づく公認会計士監査が行われる。公認会計士監査は，個人としての公認会計士または公認会計士である社員を主な組織構成員とする監査法人によって行われる。公認会計士は職業資格であることから監査実施にあたり「監査基準」や「内部統制基準」への厳格な準拠が求められる。

5）独立性

　三様監査のどの監査でも監査対象とその責任者からの独立性が求められる。監査役監査，公認会計士監査とも，経営者からの独立性が必須である。

　これに対し，内部監査は，内部監査部門の組織内の立ち位置によって独立性のあり方が異なる。一般にみられる社長直属の内部監査部門の場合，社長以外の役員とすべての監査対象部門からの独立性が求められる。社長からの独立性は求められない。社長直属の部下の立場で社長の職務執行を客観的な第三者として監査することはできないからである。社長の職務執行の監査は監査役の仕事である。

　ただし，企業グループの場合，グループ本社社長直属の内部監査部門は，監査対象の子会社・関連会社の社長からの独立性も求められる。監査役会，監査委員会などのガバナンス機関直属の内部監査部門の場合には，グループ本社社長からの独立性も求められる。

6）監査の種類，定期性，報告先
・公認会計士監査

　公認会計士・監査法人は，金融商品取引法に基づく会計監査として，経営者が作成する財務諸表・連結財務諸表の監査（財務諸表監査）を行う。さらに，上場会社の場合，財務諸表監査に加えて，同法に基づいて経営者が作成する内部統制報告書の監査（内部統制監査）を行う。

公認会計士・監査法人は，財務諸表監査や内部統制監査の過程で財務報告に係る内部統制の評価を行うが，内部統制そのものについて監査意見は表明しない。内部統制監査における監査意見表明の対象は経営者が作成する内部統制報告書であり，内部統制そのものではない。わが国の内部統制監査は内部統制について非直接的な意見表明（"Indirect Reporting"）を行うという特徴をもつ。因みに，米国の内部統制監査では，公認会計士は内部統制そのものについて監査意見を表明する（"Direct Reporting"）。

　また，公認会計士は，財務諸表監査よりも保証水準が相対的に低い四半期報告書のレビューなども行う。

　わが国の公認会計士監査は，いずれも経営者が作成した財務諸表や内部統制報告書といった書類の監査（情報監査）である。また，法定の財務諸表監査，内部統制監査の場合，監査報告の定期性（年次その他），報告先（代表取締役，監査役その他）なども法定されている。

　公認会計士・監査法人が経営者などの依頼によって任意監査を行う場合には，監査報告は依頼内容に基づいて行われる。

- 監査役監査（監査委員会監査）

　監査役監査（委員会設置会社では監査委員会監査）は，会社法に基づく法定監査であり，監査の内容，頻度，報告先などは会社法および関連法令で規定されている。監査役（監査委員会）のミッションが取締役（監査委員会監査の場合は執行役も含む）の職務執行の監査であることから，監査役等が行う監査は"Audit of Management"としての経営監査が中心となる。さらに，経営者が行う経営業務活動や事業報告の監査として業務監査を，経営者が作成する計算書類の監査として会計監査を行う。

　ただし，会計監査人設置会社においては，監査役等は，計算書類の監査は直接的には行わず，会計監査人（公認会計士・監査法人）の監査の方法と結果の相当性を判断して，計算書類の適法性を確かめる。

　監査役監査（あるいは監査委員会監査）は通年にわたって行われる。監

查報告は年次で，報告先は代表取締役（委員会設置会社では代表執行役）でその写しを会計監査人に提出すると法定されている。

　監査役は株主総会で選任されて経営者である代表取締役等の職務執行を監査する立場で，代表取締役等に監査報告を行うことは若干奇異ではあるが，監査役等の監査報告書は株主総会招集通知の添付資料に含まれて株主に送付され，さらに株主総会で監査報告が行われることによって監査役等の株主に対する説明責任は果たされることになる。

・**内部監査**

　公認会計士監査や監査役監査（あるいは監査委員監査）と異なり，内部監査は任意監査であり，監査の種類，定期性，報告先などは自由に設定できる。法律に規制されることなく，経営者などのニーズに応じて経営監査，業務監査，会計監査などを実施する。

　上場会社のJ-SOX対応を内部監査部門が行う場合には，経営監査領域で全社的な内部統制の評価を，業務監査領域で決算・財務報告に係る業務プロセス，その他の業務プロセスの評価を実施する。

　経営に役立つ内部監査を指向して内部監査は通年にわたって行い，監査報告は個別監査を実施する都度タイムリーに行う。さらに1年間にわたる内部監査部門の活動報告として年次報告を行う。報告先は内部監査部門の組織内の立ち位置によるが，一般的なトップ直属の内部監査部門の場合，報告先は社長であり，監査役・監査役会（あるいは監査委員会）を副次的な報告先とする。

7）コンサルティングの提供

　監査役監査／監査委員会監査，公認会計士監査とも，適宜，助言は行うが，コンサルティングは本来的使命ではない。外部監査としての公認会計士監査の場合，独立性保持のためにクライアントへの監査とコンサルティングの同時提供は原則として禁止されている。ただし，公認会計士が監査先以外の会

社にコンサルティングを行うことはできる。

一方，内部監査の場合，コンサルティングは監査と並ぶ内部監査の使命である。かつては，問題点の指摘だけ行えば内部監査の役割は果たしたとみなされることもあったが，今日の内部監査では，問題指摘にとどまらず，社内コンサルタントとして前向きの改善提案を行うことが内部監査人に求められている。

8）主な情報利用者

監査役監査／監査委員会監査，公認会計士監査とも，監査報告を利用する者（監査報告書の読者）は，株主，債権者などの会社外部の者である。株主についていえば，会社法では現在の株主を指すが，金融商品取引法上の公認会計士監査の監査報告書の利用者としては，現在の株主に限らず将来の株主も加えた投資家全般が想定されている。

一方，内部監査の場合，情報利用者は，経営者，社内関係者など，社内の者である。社外に対しては，通常，会社のホームページや有価証券報告書でガバナンス体制の一環として内部監査体制については開示されるが，内部監査報告書そのものは開示されない。

(3) コーポレート・ガバナンスの類型と三様監査

日本の場合，コーポレート・ガバナンスの形態として会社法では監査役・監査役会設置会社と委員会設置会社の二者択一を義務づけている。現状では圧倒的に多くの会社が監査役・監査役会設置会社である。

監査役・監査役会あるいは監査委員会の設置については法律で規定されているが，内部監査部門の設置についての法規制は無く，企業は任意に内部監査部門を設置することができる。望ましい形態としては，内部監査部門は最高経営者直属とし，同時にガバナンス機関への報告経路を確保することである。具体的には，最高経営者を主たる報告先としたうえで，監査役・監査役会（あるいは監査委員会）への副次的な報告経路を，実務的であれば取締役

4 企業グループにおける三様監査のあり方

会への報告経路も確保する。この点について、わが国の内部監査基準では次のように規定している（㈳日本内部監査協会「内部監査基準」(2004年改訂)(2)2．内部監査部門の組織上の位置）。

> 内部監査は，全般的な経営目標の効果的達成に役立つことを目的としておこなわれるものであるから，内部監査部門は，組織上，原則として，最高経営者に直属し，同時に，取締役会または監査役会もしくは監査委員会への報告経路を確保する。

このように内部監査部門を「最高経営者」への直属とし，同時に監査役会（あるいは監査委員会）への報告経路を確保するガバナンス体制を**図表4-2**に示した。国際比較として米国とドイツのガバナンス体制を**図表4-3**に示した。

図表4-2　日本のコーポレート・ガバナンス体制

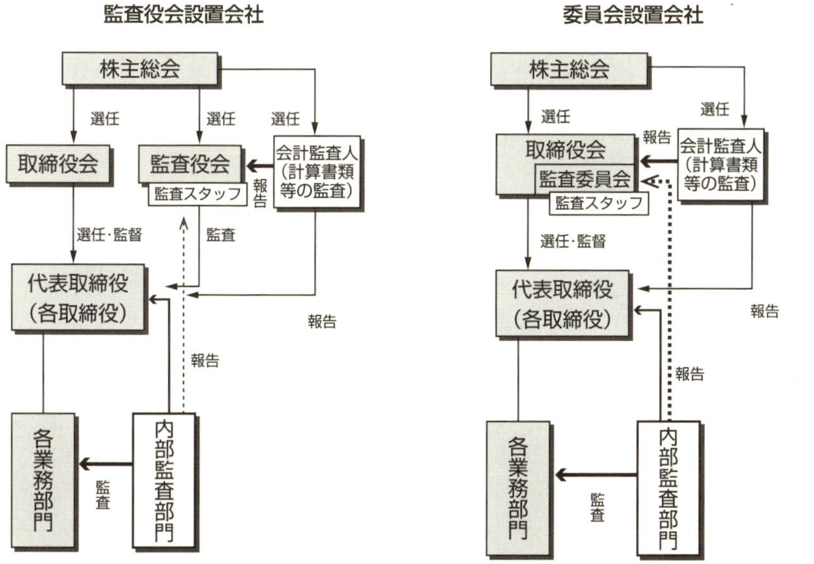

注：上場会社の場合，公認会計士・監査法人（通常その会社の会計監査人である）が，計算書類に加え，連結財務諸表・財務諸表および財務に係る内部統制について経営者が作成する内部統制報告書を監査する。
出所：箱田（2009）p.136の図表をもとに作成。

図表4-3　海外のコーポレート・ガバナンス体制

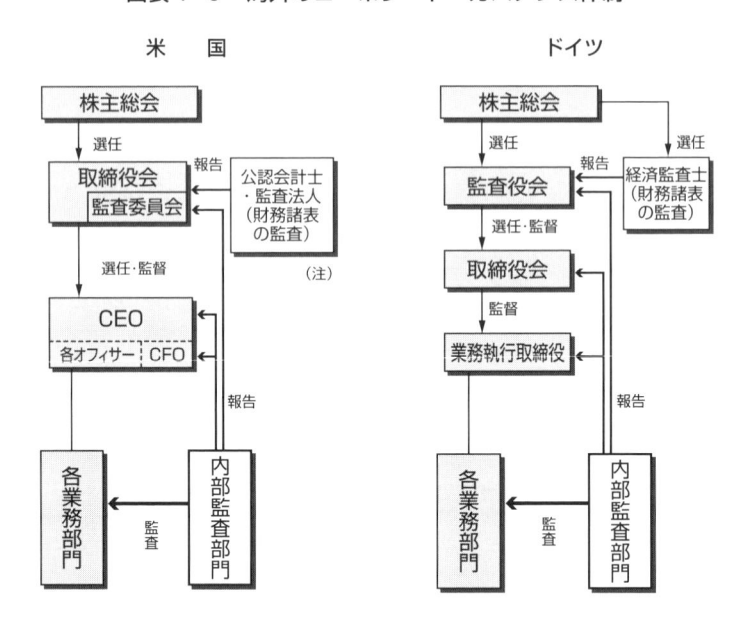

【米国】
株主総会 → (選任) → 取締役会／監査委員会 ← (報告) ← 公認会計士・監査法人（財務諸表の監査）（注）
取締役会／監査委員会 → (選任・監督) → CEO（各オフィサー／CFO）
CEO → 各業務部門
内部監査部門 → (監査) → 各業務部門
内部監査部門 → (報告) → 取締役会／監査委員会

【ドイツ】
株主総会 → (選任) → 監査役会 ← (報告) ← 経済監査士（財務諸表の監査）
株主総会 → (選任) → 経済監査士
監査役会 → (選任・監督) → 取締役会
取締役会 → (監督) → 業務執行取締役
業務執行取締役 → 各業務部門
内部監査部門 → (監査) → 各業務部門
内部監査部門 → (報告) → 監査役会

注：米国上場会社の場合，財務に係る内部統制を公認会計士・監査法人が監査する。
出所：箱田（2009）p.137。

　委員会設置会社のガバナンス体制は米国のガバナンス体制に近い。また，監査役会設置会社のガバナンス体制はドイツのガバナンス体制に類似している。ただし，ドイツでは監査役が取締役を選任するのに対し，日本では監査役，取締役とも株主総会で選任されるという大きな違いがある。
　なお，企業グループの場合，「最高経営者」はグループ本社の経営トップを指す。また，ガバナンス機関である監査役・監査役会（あるいは監査委員会）や取締役会については，グループ親会社の各機関が中心的な役割を果たす。
　監査役・監査役会設置会社のうち会社法上の大会社（資本金5億円以上，または負債200億円以上の会社），および委員会設置会社では会計監査人（公認会計士または監査法人であることが要件）を株主総会が選任することを会

社法が義務づけている。なお，会社法上の大会社である公開会社（すべてまたは一部の株式について譲渡制限を設けていない株式会社）で，監査役設置会社（すなわち委員会設置会社以外の会社）の場合，1人の監査役を選任するだけでは足りず，3人以上の監査役を選任し，すべての監査役によって構成される監査役会を設置することが会社法で義務づけられている。

また，上場会社の場合，大会社か否か，あるいは，監査役・監査役会設置会社か委員会設置会社かに関係なく，財務諸表，内部統制報告書等の監査を行う監査人（外部監査人）として公認会計士または監査法人を選任することが金融商品取引法によって義務づけられている。大会社などの会計監査人設置会社では，通常，会計監査人が金融商品取引法上の監査人に就任する。このようにして内部監査人，監査役・監査役会（監査委員会），公認会計士・監査法人が三様監査をそれぞれの立場で担うことになる。

(4) 三様監査の連携

監査役・監査役会監査（あるいは監査委員会監査），および公認会計士監査（公認会計士・監査法人による外部監査）では，それぞれの監査の拠って立つ監査基準で内部監査との関係について規定している。以下，監査役監査，公認会計士監査では，各々の内部監査との関係をどのように規定しているか，そして，内部監査では両監査との関係をどのように規定しているか概観し，三様監査のあり方について述べることにする。

1）監査役監査と内部監査

監査役監査は，㈳日本監査役協会が設定する監査役監査基準に準拠して行われる。監査役監査は公認会計士監査と同様に法定監査であることから，監査役監査の監査役監査基準への準拠性は高い。監査役監査基準では，内部監査との関係について次のように規定している（㈳日本監査役協会「監査役監査基準」2011年3月最終改正）。

(内部監査部門等との連係による組織的かつ効率的監査)
　第34条
　　1．監査役は，会社の業務および財産の状況の調査その他の監査職務の執行にあたり，内部監査部門その他内部統制システムにおけるモニタリング機能を所管する部署（本基準において「内部監査部門等」という）と緊密な連係を保ち，組織的かつ効率的な監査を実施するよう努めなければならない。
　　2．監査役は，内部監査部門等からその監査計画と監査結果について定期的に報告を受け，必要に応じて調査を求めるものとする。監査役は，内部監査部門等の監査結果を内部統制システムに係る監査役監査に実効的に活用する。

　会社法が成立して株式会社に内部統制システムの構築が求められるようになり，とくに大会社である取締役会設置会社については内部統制システムに係る基本方針を取締役会において決議することが法的に義務づけられた。これをうけて㈳日本監査役協会は，内部統制システムについての取締役会決議の内容や取締役が行う内部統制システムの整備の状況の監視・検証の充実を企図して監査役監査基準を改定し，さらに「内部統制システムに係る監査の実施基準」を定めて実務対応を行っている。そのような観点で監査役監査では内部統制のモニタリング機能を担う内部監査との連携が従来にも増して重視されている。

2）公認会計士監査と内部監査

　法定監査である公認会計士監査では，企業会計審議会が設定する「監査基準」に基づいて監査を行うことが義務づけられている。「監査基準」は1950年に設定されて以来，わが国の公認会計士による財務諸表監査の拠り所とされてきた。「監査基準」という名称であるが，その内容は基本的に財務諸表監査の基準である。「監査基準」では，内部監査との関係について次のように規定している（企業会計審議会「監査基準」（2010年3月改訂）第三実施基準—四他の監査人等の利用）。

　　監査人（筆者注：外部監査を実施する公認会計士・監査法人）は，企業の内部監

査の目的及び手続が監査人の監査の目的に適合するかどうか,内部監査の方法及び結果が信頼できるかどうかを評価した上で,内部監査の結果を利用できると判断した場合には,財務諸表の項目に与える影響等を勘案して,その利用の程度を決定しなければならない。

このように,「監査基準」では,内部監査の方法,結果の信頼性について評価することを公認会計士・監査法人に義務づけたうえで,信頼性があると判断した場合にその利用の程度について決定することを規定している。内部監査を信頼できる水準であると判断できない場合には内部監査を利用しないことになる。

公認会計士・監査法人が金融商品取引法に基づく内部統制監査を行う場合には,「監査基準」に加えて,同じく企業会計審議会が設定した「財務報告に係る内部統制の評価及び監査の基準」(内部統制基準)に準拠することが義務づけられている。同基準では内部監査との関係について次のように規定している(企業会計審議会「財務報告に係る内部統制の評価及び監査の基準」(2011年3月改訂)Ⅲ3(8)他の監査人等の利用)。

> 監査人は,内部統制の基本的要素であるモニタリングの一部をなす企業の内部監査の状況を評価した上で,内部監査の業務を利用する範囲及び程度を決定しなければならない。

ここでは,内部監査を内部統制の基本的要素であるモニタリングの一部と認めたうえで,内部監査の状況を評価して内部監査の業務を利用する範囲および程度を決定することを公認会計士・監査法人に義務づけている。

さらに,内部統制監査について日本公認会計士協会が公認会計士監査の実務指針を発行している。企業グループ内部監査の観点でとくに重要な指針は,「全社的な内部統制」(連結ベースでの財務報告全体に重要な影響を及ぼす内部統制)の公認会計士監査に関する次の項目である(日本公認会計士協会,監査・保証実務委員会報告第82号「財務報告に係る内部統制の監査に関する実務上の取扱い」―Ⅷ2.―119.全社的な内部統制の評価の検討(2011年8

月改訂))。

　　通常，全社的な内部統制の整備状況は，親会社で検証可能である。また，運用状況については，内部統制の同一性をモニタリングする内部監査が良好に運用されていることを前提に，親会社の本社等で評価の検討を行うことになるが，事業拠点に往査するかどうかは，重要な虚偽記載の発生するリスクが高いと判断される場合に検討することになると考えられる。

　重要な点は，全社的な内部統制の運用状況を評価する際，内部統制の同一性をモニタリングする内部監査が良好に運用されている場合には，公認会計士による事業拠点の往査は高リスク分野に限定することができることをこの指針は示していることである。全社的な内部統制の運用状況の評価は，次の評価フェーズである業務プロセスに係る内部統制の評価の方向性を左右する重要なフェーズである。このフェーズを企業グループ全体にわたって内部監査が良好に運用されている場合には公認会計士監査において内部監査によるモニタリングに依拠する可能性が高くなる。反対に，内部監査が良好に運用されていないと公認会計士が判断する場合には，公認会計士は内部監査に依拠せず事業拠点で自ら監査する範囲が広くなる。内部監査の真価が問われる局面といえよう。

3）内部監査と法定監査

　このような法定監査の基準に対して，わが国の「内部監査基準」では，監査役監査や公認会計士監査を始めとする法定監査との関係について次のように規定している（㈳日本内部監査協会「内部監査基準」（2004年改訂）〔7〕内部監査と法定監査との関係）。

　　わが国の法律に基づく監査制度としては，証券取引法（筆者注：現在の金融商品取引法）による公認会計士または監査法人の監査，商法（筆者注：現在の会社法）等による監査役または監査委員会の監査，会計監査人の監査，民法による監事監査，地方自治法による監査委員および包括外部監査人の監査，会計検査院の検査等々が

ある。これらの監査は，内部統制の適切な運用を前提としている。

　内部監査としては，これらの法定監査が十分にその目的を達成し得るように，基礎的前提としての内部統制を検討・評価し，その改善を図ることにより，その整備・充実に役立つ必要がある。

　とくに株式会社の監査としての監査役監査または監査委員会の監査と，公認会計士または監査法人による監査（会計監査人の監査を含む）においては，有効な内部統制がその監査の前提とされており，したがって，内部監査は，これらの監査との情報交換，意見交換等の機会を持ち，さらには連携を図ることが望ましい。

　このように「内部監査基準」では，法定監査の前提とされる内部統制の整備・充実という観点で内部監査が貢献し，さらに法定監査との連携を図ることを規定している。

4）三様監査のあり方

　以上みてきたとおり，内部監査と監査役監査（または監査委員会監査）および公認会計士監査との関係は，各々の監査の基準に示されているとおり，制度上は，内部監査は一方的に監査役／監査役会または監査委員会や公認会計士・監査法人からレビューされる立場にある。その反面，内部監査は，監査役／監査役会または監査委員会の監査や公認会計士・監査法人の監査をレビューする立場にはない。

　また，公認会計士と監査役・監査役会（または監査委員会）との関係をみると，会社法上，監査役・監査役会（または監査委員会）は会計監査人である公認会計士・監査法人が行う監査をレビューする立場にある。

　上場会社の場合には，金融商品取引法上の内部統制監査を実施する公認会計士・監査法人は，統制環境の一環として監査役・監査役会（または監査委員会）の監査の実施状況も一定程度レビューすることになる。したがって，上場会社の場合には，公認会計士・監査法人と監査役・監査役会（または監査委員会）は双方向でレビューする関係にある。

　各監査の有効性・効率性向上のためには，内部監査，監査役・監査役会（ま

たは監査委員会）監査，公認会計士監査のいずれもが双方向の情報交換を行い三様監査の相互連携をとることが望ましい[1]。上場会社などが作成する有価証券報告書には，コーポレート・ガバナンスの状況で「内部監査，監査役（監査委員会）監査および会計監査（筆者注：公認会計士監査）の相互連携並びにこれらの監査と内部統制部門との関係について，具体的に，かつ，分かりやすく記載すること」が義務づけられるようになった。(「企業内容等の開示に関する内閣府令」(2010年3月31日改正)―第二号様式)。三様監査の相互連携が制度上も重視されるようになってきたといえるであろう。

　企業グループでは，親会社はもとより子会社などのグループ会社においても監査役，外部監査人，内部監査部門が存在するケースが多い。企業グループの重層的な組織構造のなかでどのような連携関係をつくるかが企業グループにおける三様監査の課題となる。この課題に取り組むために，企業グループのガバナンス体制の構築の一環として企業グループの三様監査を設計することが重要になる。以下，企業グループ親会社における三様監査の設計，そして，企業グループ全体の三様監査の設計について検討する。

2. 企業グループ親会社における三様監査の設計

(1) ガバナンス・監査体制の設計

　企業グループ親会社における三様監査は，監査役・監査役会設置会社か委員会設置会社かの選択，会計監査人・金融商品取引法上の監査人の選任および連結監査（外部監査）体制の設計，そして内部監査体制の設計によって体制の大枠が設計される。これらのガバナンス・監査体制の設計は並行して進

---

[1] 監査役監査基準では「連係」という用語が使用されているが，内部監査基準などで使用される「連携」は実務で一般的に使用されており，また，本書の趣旨に合うので，本書では「連携」という用語を使用している。

められる。上場会社および非上場でも会社法上の大会社の場合、すでにこのような三様監査は存在している。より良いガバナンス・監査体制へ向けた体制改革、そして三様監査の三者の連携をどのように図って実効性の高い三様監査を実現するかということが実務上の課題になる。以下、企業グループ親会社の内部監査部門が監査役・監査役会（委員会設置会社においては監査委員会）および外部監査人との連携をどのように図るか検討する。

(2) 監査役（監査委員会）と内部監査部門との連携の設計

1) 監査役の監査業務

監査役は会社法上の株式会社の機関として取締役の職務の執行を監査する（会社法第381条）。監査役は、株式会社と委任関係にあり、職務遂行に当たり会社に対して善良なる管理者としての注意義務（いわゆる「善管注意義務」）を負う（会社法第329,330条、民法第644条）。

監査役は会計監査と業務監査を行う。

会計監査は計算書類の適法性を確かめる目的で行われる。会社法上の大会社では、株主総会で会計監査人（公認会計士・監査法人）が選任され、監査役は会計監査人の監査の方法と結果の相当性を判断して計算書類の適法性を確かめる。会社法上の公開会社でない株式会社（監査役会設置会社および会計監査人設置会社を除く）では、定款で定めることによって監査役の監査の範囲を会計に限定することができる（会社法第389条）。このような限定を行わず業務監査権を有する監査役を設置する会社のことを「監査役設置会社」という（会社法第2条9）。したがって、監査役会設置会社を含む監査役設置会社の監査役は業務監査権を有する。

監査役の業務監査については、その目的を取締役が行う経営執行業務の適法性を確かめる適法性監査に限定すべきか、あるいは、業務の妥当性を確かめる妥当性監査まで踏み込むべきか、長い間議論されてきた。経営判断（Management Judgment）の領域に触れる妥当性監査まで経営の専門家ではない監査役が行うべきではないという考えがある一方で、経営者の経営執

行を監督する立場にある監査役は妥当性監査まで踏み込むべきだとする考え方もある。会社法制定（2005年）に基づく内部統制システムと金融商品取引法施行（2007年）に基づく内部統制報告制度が導入された後は，取締役が行う重要な業務である内部統制の構築・運用の妥当性についての監査を監査役は期待されているといえよう。また，監査役自身の立場からすると，コーポレート・ガバナンスの担い手としての役割を積極的に果たそうとすれば，適法性監査はもとより妥当性監査まで行うべきである。

　監査役は，取締役の職務執行を監査するだけではなく，取締役の違法行為等が発見された場合には，違法行為等の差止めを請求する権利を有する（会社法第385条）。そのような法的な権利を有する以上，監査役は権利を行使すべき義務を負っているといえる。

　さらに，監査役設置会社である株式会社が取締役に対して訴えを提起する場合，または取締役が監査役設置会社である株式会社に対して訴えを提起する場合，監査役は会社を代表する（会社法第386条）。株主による取締役の責任追及も，監査役設置会社の場合には，株主はまず監査役が会社を代表して取締役に対して訴えを提起するよう求め，60日以内に監査役が訴えを提起しない場合に初めて会社のために取締役に対して訴え（株主代表訴訟）を提起するという手続になっている（会社法第386，第847条）。

　3人以上の監査役で構成される監査役会を設置する会社においても，監査役は各人がこのような法定の権限と責任をもって職務を遂行する。これを「監査役の独任制」という。1人ひとりの監査役がコーポレート・ガバナンスの担い手として重責を負っているといえよう。

2）監査役補助者の役割

　監査役には自身の補助者をおくことを会社に要求する会社法上の権利がある（会社法第362条4項6号，会社法施行規則第98条4項，第100条3項）。

　なお，監査補助者について，委員会設置会社の場合，監査委員会の補助者の設置が会社法で義務づけられている（会社法第416条1項1号，会社法施

行規則第112条1項。ただし，補助者を設置しないと取締役会で決議することは可能との指摘もある。）。一方，監査役設置会社の場合には，監査役が要求した場合に補助者をおくことができる，とされている（会社法第362条4項6号，会社法施行規則第98条4項，第100条3項）。

　監査役には，監査補助者の設置が法律で強制されているわけではないという弱点があるといえよう。要求する権利はあるが，コスト増につながる監査補助者設置を要求することに躊躇する監査役も多いようである。このような状況から，監査役がその使命を果たすために，監査役補助者の設置を担保する制度上の措置が必要であると思われる。

　また，監査役会設置会社の場合は，常勤の監査役を設置することが義務づけられている。しかし，個人としての常勤監査役の業務には限界がある。監査担当役員である監査役は常勤・非常勤とも会社法法定の，そして社会から期待されている監査業務を実施するうえで補助者を必要とする。監査役の補助者は監査役監査の実務を担う重要な役割を負っている。

　監査役補助者には，監査役同様，取締役からの独立性が義務づけられている。監査役／監査役会は監査補助者とともに取締役から独立した立場で取締役の職務執行を監査する監査役監査体制を構築する。

3）監査委員会の監査業務と補助者の役割

　会社法上の委員会設置会社では，監査委員会が取締役，執行役等の職務執行の監査を行う。監査委員会は3人以上の取締役（過半数は社外取締役）によって構成される。独任制の監査役と異なり，監査委員は監査委員会の決議に従う。

　監査委員会は会議体であり，実務的な監査業務は監査委員が実施することになる。また，監査役会と異なり，監査委員会には常勤者の設置が義務づけられていない。その代わりに監査委員会の補助者の設置が会社法で義務づけられている（会社法第416条1項1号，会社法施行規則第112条1項）。監査委員監査の日常業務は補助者が行う。監査委員およびその補助者は執行役か

らの独立性が義務づけられている。このようにして，監査委員会は監査補助者とともに監査委員会監査体制を構築する。

(3) 内部監査部門と監査役（監査委員会）との連携

三様監査の連携について，内部監査部門としては，まず日頃社内で接する機会の多い監査役（委員会設置会社の場合は監査委員）との連携を検討する必要がある。

監査役との連携のポイントは，① 定期的な情報交換・意見交換，② 各監査プロセスにおける協調，③ 監査役等からの調査依頼への対応，の3点に集約される（**図表4-4参照**）。以下，順次みていくことにする。

図表4-4　内部監査部門とガバナンス機関（監査役等）の連携のポイント

1．定期的な情報交換・意見交換（定期会合，案件ごとの会合）
2．各監査プロセス（リスク分析・計画・実施・報告・フォローアップ）における協調
3．監査役等からの調査依頼への対応

1）定期的な情報交換・意見交換

取締役会に出席して経営上の重大案件に接する機会の多い監査役からの情報提供やその意見は内部監査部門にとって貴重である。情報や意見は双方向のコミュニケーションによって有益性を増すことから，経営者との信頼関係を前提に経営者直属という内部監査部門の立場を損なうことのないように留意しつつ，内部監査部門も監査役に最大限の情報を提供し，忌憚のない意見を申し述べるべきである。監査役，内部監査部門のそれぞれの立場を踏まえた双方向のコミュニケーションとしての情報交換・意見交換が内部監査部門と監査役の連携の第一歩である。

情報交換・意見交換は，月例会などの定例ミーティングを設定し，個別案件が生じた場合には都度ミーティングをセットする，という二本立てのミーティングによって行うことが実務的である。このようなミーティングを行う

ことがあらかじめ了解されていれば，両者とも日ごろの監査業務を実施する際に情報交換・意見交換を意識し，また，ミーティングの事前準備も周到に行われるようになって実りあるコミュニケーションを実現することができる。ミーティングをとおして監査役と内部監査部門の効果的・継続的な連携を確保することが実務上重要である。

2）各監査プロセスにおける協調

監査は一般にリスク分析・計画・実施・報告，というプロセスをたどる。これは，内部監査，外部監査，監査役（監査委員会）監査においても変わらない。これに，経営者直属で経営への貢献を使命とする内部監査にはフォローアップというプロセスが加わる。指摘事項に対する改善措置がとられていることをフォローアップで確認して内部監査一巡のプロセスは完結する。

監査の各プロセスにおける協調は内部監査部門・監査役の双方にとって有益である。内部監査の方が監査役監査よりも詳細に監査を行うことから，内部監査部門の方から各プロセスにおける関連資料を監査役に提示して情報交換・意見交換を行い，必要に応じ各々の監査業務を調整するアプローチが実務的である。具体的には次のような情報交換・意見交換を行う。

- リスク分析プロセスにおいて……内部監査部門よりリスクたな卸し表，リスクマップなどのリスク分析資料を提示し，監査役からの情報・意見を織り込んで監査対象を取り巻くリスクについての認識を共有し，リスク分析を精緻化する。
- 監査計画プロセスにおいて……年度監査計画策定段階では，内部監査部門・監査役の双方が年度監査計画書のドラフトを提示し，情報交換・意見交換を行い，必要な調整を施して各々の計画を確定する。

  内部監査の個別監査計画作成段階では，適宜，内部監査部門より個別監査計画書を監査役に提示して情報交換・意見交換を行う。個別監査計画段階での内部監査部門と監査役のミーティングは，業務が煩雑にならなければ年度計画段階と同様にルーティンにする。

- 監査実施プロセスにおいて……内部監査部門が行う監査対象部門責任者からの概況聴取時や現場講評時に適宜監査役が同席して補足質問や意見を述べる。
- 監査報告プロセスにおいて……内部監査の結果を監査役へ，監査役監査の結果を内部監査部門へ伝え，双方向の情報交換・意見交換を行う。さらに，内部監査部門の監査報告会に監査役も出席する。同様に，監査役の監査報告会に内部監査部門長も出席する。
- フォローアップのプロセスにおいて……内部監査部門のフォローアップの状況を適宜監査役に報告し，監査役は意見・助言を述べる。

以上の各監査プロセスの節目で行う情報交換・意見交換は，月例会などの定例ミーティングとタイミングが合えばその際に行う。

内部監査部門から監査役への内部監査計画や内部監査結果の伝達と並行し

図表4-5　内部監査部門と監査役とのコミュニケーションの実態

監査計画の報告・伝達	〔内部監査部門等→監査役（会）〕 　　　　　　報告あり　94.0%　　報告なし　5.7% 〔監査役（会）→内部監査部門等〕 　　　　　　伝達あり　78.9%　　伝達なし　20.7%
監査結果の報告・伝達	〔内部監査部門等→監査役（会）〕 　　　　　　　　定期的に報告あり　79.0% 　　　　　　問題事象があるとき報告あり　29.5% 　　　　　　監査役が求めたとき報告あり　25.2% 　　　　　　　　　　　　　報告なし　1.5% 〔監査役（会）→内部監査部門等〕 　　　　　　　　定期的に伝達あり　38.2% 　　　　　　問題事象があるとき伝達あり　55.8% 　　　　　　　求められたとき伝達あり　10.1% 　　　　　　　　　　　　　伝達なし　8.3%

出所：㈳日本監査役協会（2007）「2007年における監査役及び監査委員会制度の運用実態調査」結果報告書，3,877社回答。

て，監査役監査計画や監査役監査結果の監査役から内部監査部門への伝達についても，日本監査役協会の研究報告では「企業価値の向上に貢献する」という観点で全国の監査役に実行するよう促している[2]。ともすると，監査計画や監査結果の伝達は，経営者の指揮下にある内部監査部門から経営者の職務執行を監査する監査役へ一方通行で行われがちである。しかし，監査役・内部監査部門の双方向の情報交換・意見交換を行うことは，連携ないし連係を実のあるものとし，「企業価値の向上に貢献する」という両者の共通の目的を達成するうえで有益であるといえよう。実際に多くの会社で監査役と内部監査部門がお互いの監査計画と監査結果について双方向のコミュニケーションを行っている（図表4-5参照）。

3）監査役等からの調査依頼への対応

監査役は必要に応じて会社の業務および財産の状況を調査する権限をもつ。

---

[2] 日本監査役協会の研究報告では，監査役監査における内部監査部門との連係で，監査役監査計画と監査役監査結果の内部監査部門への伝達について次のように記載している。
第1節　期初の連携　3．監査役監査計画の内部監査部門への伝達
(1)　連係の概要
　監査役は，以下の観点を踏まえて，内部監査部門に監査役監査計画を伝達する。
・会社として対処しなければならない重点項目等を確認し合い，監査役および内部監査部門のモニタリング機能を高める。
・監査役の課題認識を内部監査部門に理解してもらい，
　・内部監査部門から効率的な情報提供を受けられるようにする。
　・内部監査部門への特定事項の監査実施・現場情報の効率的な収集等の要請が円滑に実行できる態勢を整備する。
第2節　期中の連携　3．監査役監査結果の内部監査部門への伝達
(1)　連係の概要
　監査役は，以下のような観点に留意しつつ，内部監査部門がより実効的・効率的な監査を実施できるようにするため，監査役監査結果を内部監査部門に伝達する。
・監査役が取締役の職務執行の監査を通じて認識した有用な情報を活用して，取締役や内部監査部門との連係を通じて，企業価値の向上に貢献する。
・監査役が取締役との意見交換を通じて得た取締役等のリスク認識を内部監査部門に伝達し，より実効的な内部監査計画の策定と内部監査実務に反映させる。
出所：㈳日本監査役協会本部監査役スタッフ研究会（2009）「監査役監査における　内部監査部門との連係」。

> ## column……監査役の権限
>
> 会社法では監査役の権限について次のように定めている。
> 会社法第381条
> 1. 監査役は，取締役（会計参与設置会社にあっては，取締役および会計参与）の職務の執行を監査する。この場合において，監査役は，法務省令で定めるところにより監査報告を作成しなければならない。
> 2. 監査役は，いつでも，取締役および会計参与並びに支配人その他の使用人に対して事業の報告を求め，又は監査役設置会社の業務および財産の状況の調査をすることができる。
> 3. 監査役は，その職務を行うため必要があるときは，監査役設置会社の子会社に対して事業の報告を求め，又はその子会社の業務および財産の状況の調査をすることができる。
> 4. 前項の子会社は，正当な理由があるときは，同項の報告又は調査を拒むことができる。
>
> ここで，第2項，3項の業務調査権は「監査役設置会社」にのみ付与されている。監査役設置会社とは，次のとおり監査役の監査の範囲が会計に限定されず業務まで及ぶ会社である。
> 会社法第2条1項9号
> 　監査役設置会社─監査役を置く株式会社（その監査役の監査の範囲を会計に関するものに限定する旨の定款の定めがあるものを除く。）又はこの法律の規定により監査役を置かなければならない株式会社をいう。

調査権は子会社まで及ぶ（上の「column」"監査役の権限"参照）。監査役は監査役監査の一環として監査役補助者を調査に従事させることができる。しかし，往々にして補助者が不足し，監査役は内部監査部門に調査を依頼することが多い。

　経営者直属の内部監査部門としては経営者の了解を得たうえで監査役の依頼に応じて調査に従事することができる。このような立て付けを監査役も了解したうえで，内部監査部門は監査役の依頼に積極的に応じて調査を行うべきである。内部監査部門は経営への貢献を志向し，監査役はガバナンスをと

おして経営の健全性を支える。「グッドカンパニー」を目指すという意味において内部監査部門と監査役の立場は同じである。

委員会設置会社における内部監査部門と監査委員会との連携は、監査役設置会社における内部監査部門と監査役との連携と基本的に同じである。重要な相違点は、監査委員会の補助者の設置が会社法で義務づけられていることから、委員会設置会社には通常、監査委員会直属の監査部門（経営監査部など）があり、監査委員会が行う各種調査は直属の監査部門が行うことがあげられる。

内部監査部門と監査役との協調は法律で強制されているわけではない。また、一般に監査役スタッフよりも充実した監査スタッフを擁し、現業に近いところで日常的に監査業務を実施する内部監査部門との連携は、監査役にとってはメリットが大きく連携の誘因はあっても、内部監査部門にとって監査役との連携の誘因は少ないかもしれない。しかし、経営に役立つ内部監査を志向するならば、内部監査部門は、監査役を補助する監査スタッフの不足という監査役監査の弱点も補強して積極的に監査役をサポートして三様監査の実効を上げることを目指すべきである。

(4) 親会社における内部監査部門と外部監査人との連携

内部監査部門と外部監査人（公認会計士・監査法人）の双方にとって連携を図ることは、各々の監査の質の向上と効率化に資することができ有益である。内部監査部門と監査役等との連携と同様に、内部監査部門と外部監査人の連携も双方向的な情報交換と意見交換を核にして行うことが望ましい。連携のポイントは、既述の監査役等との連携と同様、定期的な情報交換・意見交換、各監査プロセスにおける協調である。

情報交換・意見交換においては、各々の監査経験に基づく情報交換や、リスクについての認識のすり合わせなどを目的とした意見交換を行う。

監査を職業とするプロフェッショナルである公認会計士・監査法人と対等な関係を構築し、有意義な連携を図るためには、内部監査の手続・監査結果

について，外部監査人である公認会計士・監査法人が利用することができる水準を達成することが重要である。

公認会計士・監査法人は，内部監査の利用の可否およびその利用の程度を判断する際に，内部監査機能の客観性，内部監査人の専門的能力・専門職としての正当注意義務順守状況・外部監査人とのコミュニケーションについて評価する。具体的な評価ポイントとして，公認会計士の実務を規制する公認会計士協会の報告書で次のように例示している。

公認会計士が内部監査の利用を検討する際のポイント

(1) 客観性
  ・企業内における内部監査機能の位置付け及びその位置付けが内部監査人の客観性に及ぼす影響
  ・内部監査の結果が監査役等又は適切な権限を有する経営者に報告されているかどうか，及び内部監査人が監査役等に直接質問や面談することができるかどうか。
  ・内部監査人が内部監査の対象業務に関与していないかどうか。
  ・監査役等が内部監査機能に関連する人事を監視しているかどうか。
  ・内部監査機能に対して経営者や監査役等による制約又は制限があるかどうか。
  ・経営者が内部監査の勧告に従って対処するかどうか及びどの程度対処するか，並びに対処の証跡がどのように残されているか。
(2) 専門的能力
  ・内部監査人が，関連する専門職団体の会員であるかどうか。
  ・内部監査人が，内部監査人として十分な専門的研修を受け，経験を有しているかどうか。
  ・内部監査人の採用及び研修について適切な規程があるかどうか。
(3) 専門職としての正当な注意
  ・内部監査の業務が適切に計画，監督，査閲，文書化されているかどうか。
  ・内部監査マニュアル又はその他の同様の文書，内部監査手続書及び内部監査調書が適切に作成，保管されているかどうか。
(4) コミュニケーション（筆者が要約）
  ・内部監査人が監査人（公認会計士）と制限なく率直なコミュニケーションを行うことができるか。

出所：日本公認会計士協会（2010）「監査基準委員会報告書第49号「内部監査の利用（中間報告）」」。

客観性，専門的能力，正当注意など，公認会計士・監査法人の評価を待つまでもなく，内部監査部門として本来備えておくべき要件である。公認会計士・監査法人は内部監査を利用すべきであるという水準の要件を内部監査部

門は具備することが望まれる。

3. 企業グループ全体の三様監査の設計

(1) 企業グループ監査体制の設計

　企業グループでは，親会社における三様監査の体制の構築と平行して企業グループ全体の三様監査の体制を構築する。

　グループ会社には監査役を設置する会社も多い。定款で監査範囲を会計に限定しないかぎり，これらの監査役は業務監査も行うことになる。また，グループ会社のうち，会社法上の大会社には監査役会（委員会設置会社の場合は監査委員会）と会計監査人が，上場会社には金融商品取引法上の監査人が，それぞれ法定必須機関として会社ごとに設置される。これらの法定の監査機関と経営者が自己の裁量において設置する内部監査機能をグループ全体にわたって有機的に構築することを主眼とする企業グループの監査体制の設計が企業グループ全体の三様監査体制構築の第一段階となる。

　まず，親会社における法定の監査機関である監査役・外部監査人の選任についてみることとする。

　親会社の監査役については，企業内外のステークホルダーの意向の集約として最終的に特定の個人が株主総会で選任される。

　一方，会社法に基づく会計監査人および金融商品取引法に基づく監査人として選任する親会社の外部監査人については，個人としての公認会計士および法人である監査法人のいずれも就任することが可能である。企業グループの監査には相応の組織力をもつ監査が求められることから監査法人が選任される場合が多い。さらに，国際的な事業展開を行う企業グループの場合，選任された監査法人は所属する，あるいは提携先の国際ネットワークを利用して監査を行う。大規模に国際展開を行うグローバル企業の場合には，監査法人はメンバーファームとして所属するグローバル・ネットワークをリードし

てグループ監査を行うことが一般的である。

　また，親会社が会社法上の大会社の場合，会計監査人を株主総会で選任する。通常，会社法上の会計監査人として選任される公認会計士・監査法人が金融商品取引法上の監査人としても選任される。

　次に，子会社・関連会社の監査役・外部監査人の選任についてみることとする。

　まず国内の子会社・関連会社の場合には，公開会社（株式に譲渡制限を設けていない会社）は，委員会設置会社でないかぎり，会社法の規定に従って監査役が選任される。子会社の場合，親会社が支配権をもつ大株主であることから，監査役の選任には親会社の意向が強く働く。関連会社の場合，親会社は影響力をもつ株主であることに変わりないが，他の株主などの意向も反映される。また，国内の子会社・関連会社が上場会社の場合には金融商品取引法上の監査人が，会社法上の大会社である場合には会計監査人が選任される。通常，金融商品取引法上の監査人である公認会計士・監査法人が会社法上の会計監査人に選任される点は親会社の場合と同じである。

　海外の子会社・関連会社の場合には，法定の監査機関を所在国の会社法規制に従って設置する。監査役・監査役会または監査委員会に該当する監査機関の設置を法規制で義務づけている国は多い。子会社・関連会社の所在する国別および会社別に会社法規制を確認して現地国法規制へのコンプライアンスを充足させて監査役その他のガバナンス機関の構成メンバーを選任する。

(2)　**連結外部監査体制の設計**

　企業グループを形成する上場会社では，金融商品取引法上の親会社監査人は，親会社単体の財務諸表の監査に加え，企業グループ全体の連結財務諸表監査および企業グループ全体の内部統制監査を行う。親会社が会社法上の大会社であれば，親会社監査人は会社法上の会計監査人として親会社単体の計算書類の監査に加え，企業集団の連結計算書類の監査を行う。

　金融商品取引法上の財務諸表・連結財務諸表と会社法上の計算書類・連結

❹ 企業グループにおける三様監査のあり方

計算書類は，開示・表示の差異はあるが，会計処理と表示の大枠は同じである。また，企業グループの内部統制も法律別に別個の内部統制がある訳ではなく，内部統制の実態はひとつである。

金融商品取引法上の監査人と異なる公認会計士・監査法人を会社法上の会計監査人に選任することは可能ではあるが，連結財務諸表・企業グループ内部統制と連結計算書類の監査を別の公認会計士・監査法人が行うことは実務上の負担が大きく合理的ではない。通常は同一の親会社監査人が連結財務諸表・内部統制および連結計算書類の監査のすべてを行う。また，財務諸表監査と内部統制監査の一体的実施は内部統制報告制度の趣旨でもある。したがって，企業グループの外部監査（連結財務諸表・企業グループ内部統制と連結計算書類の監査）についての責任を負う親会社外部監査人の選任は重要な経営課題である。

親会社監査人は子会社・関連会社の外部監査人を統括して企業グループの外部監査を実施する。親会社監査人の選任の次に，あるいは平行して子会社・関連会社の外部監査人の選任を行う。企業再編やM&Aを行う場合には，都度新たな子会社・関連会社の外部監査人を選任する。

子会社・関連会社の外部監査について，国内会社については親会社監査人自身が担当し，海外会社については親会社監査人が属する国際ファームのメンバー・ファームが担当するという体制が選択肢になる。他方，親会社監査人やその所属するファームのメンバー以外の監査人が子会社・関連会社の外部監査を担当することも選択肢になる。個々の会社ごとに外部監査人の選定を行うことになる。その際には，連結財務諸表・内部統制と連結計算書類の監査に責任を負う親会社監査人との協議が必要である。

子会社の場合には，国内子会社，海外子会社とも親会社と親会社監査人の意向で外部監査人を選任することは通常可能である。子会社が会社法上の大会社であれば会計監査人としての株主総会による選任手続を執る。海外子会社の場合には，わが国の会社法に該当する所在国の会社法規制に準拠した手続を執ることになる。ただし，上場会社を買収して子会社化した場合など，

すでに親会社監査人と異なる外部監査人が子会社にいる場合には，外部監査人変更の適否について買収後の統合政策などを踏まえた慎重な検討を要する。

関連会社の場合には，外部監査人の選任は個別の検討が必要である。自社および自社の外部監査人以外に，合弁会社の場合には合弁パートナーの意向，50％未満の出資先については他の大株主の意向などを踏まえて外部監査人を選任することになる。

(3) 企業グループ監査役監査体制の設計

監査役はガバナンス機関であり，企業グループ監査役監査体制の設計は監査役自身が行うものである。委員会設置会社における監査委員会や海外の法規制の基におけるガバナンス機関の設計も同様である。ここでは親会社がわが国における代表的な会社形態である監査役設置会社について，企業グループの監査役監査体制をどのように設計するかをみることとする。

単体企業の場合と異なり，企業グループの監査役監査体制の設計は考慮すべき要因が多く一筋縄ではいかない。それではどのような要因を考慮すべきか。次のとおり，企業グループにおける監査役監査体制を設計する場合に考慮すべき要因を，1）親会社のステークホルダーの期待，2）子会社・関連会社のステークホルダーの期待，3）グループ会社監査役間の連携，の3つの観点から整理した。

1）親会社のステークホルダーの期待

監査役は株主総会で選任されることから株主に対してアカウンタビリティーを負う。したがって，監査役はまず株主の期待に応える責任がある。株主の期待は株主総会における一般株主の声や機関投資家のコーポレート・ガバナンスに関するパブリック・メッセージなどによって伝えられる。さらに，今日の企業経営はさまざまなステークホルダーのなかで行われていることから，監査役は経営者ともども企業を取り巻く株主以外のスタークホルダーの期待にも応える必要がある。企業グループを形成するほどの規模の企業にお

いては，企業は公器であるとの認識がなおさら必要である。企業を取り巻く代表的なステークホルダーとして，株主を始め，経営者，従業員，消費者・顧客，金融機関，取引先，規制当局・政府・自治体，地域住民・一般社会などがあげられる。国際的，グローバルに事業展開を行う企業の場合，国内のみならず海外のステークホルダーも意識する必要がある。日常的な監査役監査において監査役がとくに意識すべきスタークホルダーとしては，株主に加えて，社内では経営者・従業員が，社外では，顧客・取引先・金融機関・規制当局などがあげられる。

企業グループ親会社の監査役について，このような企業グループを取り巻く多様なステークホルダーの期待を考慮して企業グループ経営についての見識と適性のある人材を選んで株主総会に候補者として提示する必要がある。

親会社の監査役には，親会社はもとより次に述べる子会社・関連会社のステークホルダーの期待にも応える実効性のある企業グループ監査役監査体制を設計することが求められる。

2) 子会社・関連会社のステークホルダーの期待

子会社・関連会社を取り巻く企業内外のステークホルダーの種別は，企業グループ親会社と同様に，株主，経営者，従業員，消費者・顧客，金融機関，取引先，規制当局・政府・自治体，地域住民・一般社会などである。親会社と違い，会社・関連会社の株主についてはさらに次のような経営に対する支配権・影響力の観点から会社の種別に分けてその期待を考慮する必要がある。

- 子会社
  —完全子会社（企業グループ親会社が100％経営を支配する会社）……考慮すべき株主は企業グループ親会社のみである。企業グループ親会社監査役との連携関係を構築しやすい。
  —その他の子会社（企業グループ親会社が経営を支配するが，少数株主が存在する会社）……企業グループ親会社が支配権をもつことから企業グ

ループ親会社監査役との連携関係を構築しやすい。ただし，少数株主への配慮も重要である。

- 関連会社

関連会社の場合，その会社の株主構成によって次のように状況が異なる。

―企業グループ親会社（自社）以外に重要な影響力を及ばす株主のいない会社……M&Aにより国内・海外の上場会社を買収したケースによくみられる形態である。企業グループ親会社が経営に影響力を及ぼすことから企業グループ親会社監査役との連携関係を構築しやすい。ただし，他の株主の期待も考慮する必要がある。

―企業グループ親会社以外に重要な影響力を及ばす株主が存在する会社（合弁会社など）……合弁パートナーなどの他の株主の期待を常に確認する必要がある。また，そのような配慮を担保するために監査役などの関連会社のガバナンス機関のメンバーの人選にも留意する。

―企業グループ親会社以上に重要な影響力を及ばす株主が存在する会社（企業グループ親会社が少数株主となる場合）……他社が親会社として投資先の経営を支配することになる。自社（企業グループ親会社）としては，監査役などのガバナンス機関メンバーの派遣などによって経営のモニタリングをおこなう。モニタリングに際しては，自社の利害にかかわる事項に留意する。

さらに，欧州などの海外諸国では監査役会などのガバナンス機関に従業員代表を選任することを義務づけている国もある。ガバナンス機関構成メンバーの検討にあたっては，そのような法規制へのコンプライアンスや法規制の背景にある社会の期待にも配慮する必要がある。

3）グループ会社監査役間の連携

以上のように企業グループの監査役は，親会社，子会社，関連会社のそれ

ぞれの所属する会社のガバナンス機関として各々のステークホルダーの期待に応える監査役監査を実施することになる。

　各社の監査役は各社の株主総会で選任されることから各社の株主に対してアカウンタビリティーを負う。また、各社の監査役を取り巻く株主以外のステークホルダーも会社ごとに異なる。わが国における委員会設置会社の監査委員や海外子会社・関連会社の監査役に該当するガバナンス機関メンバーも各社ごとに関連法規にしたがって監査役等を選任し、監査役等を取り巻く株主以外のステークホルダーも会社ごとに異なる。

　したがって、企業グループ親会社の監査役は子会社・関連会社の監査役等に指揮権を発動できる立場にない。グループ会社監査役間の連携は法的な裏づけのない自主的なものにならざるを得ない。そのような状況において企業グループとしてまとまりのある監査役監査体制を構築するための実務上の解決策として、グループ監査役の常設の協議機関を設置して、この協議機関を核に監査役間の連携を図ることが効果的と考えられる。実際に、グループ監査役会、グループ監査役協議会、グループ監査役ネットワークなどの協議機関を設置している例がみられる。協議機関は定期的に情報交換、意見交換を行う。さらに、合同研修その他、監査役監査の実効性を高めることを目的とした活動を共同で行う。グループ親会社監査役は、このような協議機関においてリーダーシップを発揮することが期待される。

(4) 企業グループ三様監査における内部監査のあり方

　企業グループ親会社の監査役、外部監査人、内部監査人はそれぞれの立場から企業グループ全体の監査を行う。内部監査の対象領域のうち内部統制の分野についてみると、企業グループ親会社の監査役は取締役の職務執行の監査という観点で親会社経営者による企業グループ全体にわたる内部統制システムの構築・運用状況を監査する。親会社の外部監査人は、経営者が作成した企業グループ全体を対象とする連結財務諸表・内部統制報告書の監査を行う。親会社内部監査部門は、親会社経営者による経営活動のモニタリングの

実働部隊として企業グループ全体の内部監査を行う。同時に，親会社内部監査部門は経営者がサインオフする内部統制報告書の作成にいたる内部統制の整備・運用状況の評価を企業グループ全体にわたって行う。

　企業グループ三様監査の連携は，このようなグループ親会社の三様の監査人の連携を核に，グループ全体にわたるネットワークを展開して行う。

　三様監査の連携を組織的，計画的に行うために，企業グループ親会社の監査役，外部監査人，内部監査人の三者の責任者による会議体を設置して情報交換，意見交換を行い，さらに日常的な連携は，三者の監査スタッフによる監査実務における連携を進めることが効果的である。三者の会議は月例会などの定期会合にして，議題があってもなくても一堂に会する場を常設することが連携を定着させることにつながる。

　各国は各々独自のコーポレート・ガバナンス制度を維持している。そのなかで，日本では，市場・規制当局といった企業外部からの牽制とともに，三様監査が重要な機能を果たしている。

　企業グループにおける三様監査では，スタッフ不足やグループ会社ごとの法人格の違いの制約を受ける監査役や企業グループ内部の実情を熟知する立場にない外部監査人と異なり，内部監査は企業内部の事情に精通し，相応のスタッフをもち，日本およびグループ会社が所在する各国の法規制の制約を受けることなく企業グループ全体にわたる監査体制を構築することができる。内部監査には，監査役監査や外部監査の限界を補って企業グループのコーポレート・ガバナンスを組織内で支える機能を担うことが期待される。

5 企業グループ内部監査の基本

ここでは，企業グループ内部監査の基本的な事項として，単体企業の内部監査と異なる点を中心に次の項目について説明する。
1．企業グループ全体にわたる内部監査実行権の確保
2．企業グループ内部監査のインフラの整備
3．内部監査人の教育研修体制の整備
4．企業グループ内部監査のプロセス

1. 企業グループ全体にわたる内部監査実行権の確保

単体企業の場合，内部監査は法定監査でないことから企業の基本規程のひとつとして内部監査規程を策定し，内部監査部門の責任と権限を規定し，監査を受ける被監査部門にも内部監査規程に基づく監査への協力を義務づけ，内部監査部門の企業全体にわたる内部監査実行権を確保する。

企業グループの場合，これまでみてきたとおり，子会社・関連会社は親会社と異なる株主その他のステークホルダーに囲まれている。完全子会社（100％出資子会社）でないかぎり，親会社の内部監査規程への準拠を求めることには無理がある。企業グループ内部監査の実施にあたって，まず企業グループ全体にわたる内部監査実行権を確保することが重要な課題になる。

企業グループ全体にわたる内部監査の実行権を確保するために，親会社の内部監査規程において内部監査の範囲が企業グループ全体にわたることを明記し，さらに，グループ会社の取締役会などで内部監査規程で求められている事項を受け入れる旨機関決定することが望ましい。

親会社内部監査規程で求められている事項をそのまま受け入れることが困難なグループ会社については，グループ内部監査協定の締結や合弁会社における合弁契約への監査権の条項挿入その他の手立てを講じる。また，上場子会社などの独自の内部監査機能をもち親会社の内部監査実行権が及ばないグループ会社については，企業グループとしての内部監査責任・権限の分担について取り決める必要がある。

2. 企業グループ内部監査のインフラの整備

　企業グループ内部監査の安定運用を図るために，グループ全体にわたる内部監査のインフラを整備する必要がある。以下，内部監査業務の基盤となる内部監査規程類その他の内部監査のインフラをどのようにして整備するか説明する。

(1) 内部監査規程類の整備

　内部監査の実務を規律して企業グループ全体にわたって一体感のある内部監査を実施するために，内部監査部門が遵守する内部監査の規程類を親会社および内部監査機能をもつグループ会社各社で整備する必要がある。

　企業グループ内部監査における規程類整備の手順としては，まず世界的に認められた内部監査のグローバル・スタンダードを企業グループの内部監査部門全体で依拠する内部監査基準として選定して共有する。

　次に，内部監査基準を基に親会社および内部監査部門のあるグループ会社で内部監査規程を策定する。同時に，企業グループの内部監査部門全体で共有する内部監査実務のガイダンスとして企業グループ内部監査マニュアルを作成する。

　さらに，グループ各社の個々の内部監査プロジェクトで役立てるために内部監査チェックリストや内部監査プログラムなどの監査ツールを作成する。

　海外グループ会社などに外国人のインターナル・オーディターを擁する場合には一連の規程類を英訳する必要がある。

　このような整備作業の結果，企業グループ内部監査の規程類の体系ができあがる（**図表5-1**を参照）。

図表5-1　企業グループ内部監査に関する規程類の体系

```
┌─────────────────────────────────┐
│  内部監査基準（グローバル・スタンダード）  │
└─────────────────────────────────┘
                ▼
┌─────────────────────────────────┐
│  企業グループ内部の規程：             │
│    1．内部監査規程                  │
│    2．企業グループ内部監査マニュアル   │
└─────────────────────────────────┘
                ▼
┌─────────────────────────────────┐
│  内部監査実施の手引き：              │
│    1．監査チェックリスト             │
│    2．監査プログラムなど            │
└─────────────────────────────────┘
```

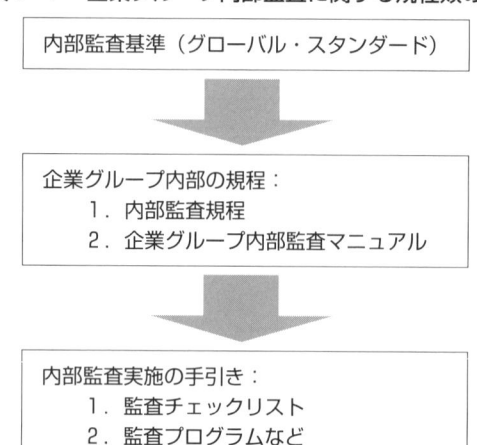

図表5-1記載の各項目の内容について，以下で順次説明する。

(2) 内部監査基準の選定

　企業グループ全体で依拠する内部監査基準の選定にあたっては，企業グループの事業範囲が海外にまで及ぶ場合には，米国に本部をもつ内部監査人協会（IIA = The Institute of Internal Auditors）が公表している「内部監査の専門職的実施の国際基準」("International Standards for the Professional Practice of Internal Auditing")を依拠する基準として選定することを推奨する。

　IIAは1941年に米国で設立されたインターナル・オーディターの国際組織である。IIAは，内部監査に関する研究，基準の策定，資格認定等を通じて，国際的に指導的役割を担っている。「内部監査の専門職的実施の国際基準」は，70年以上に及ぶIIAの活動のなかで改訂を重ねてきた基準で，世界各国の内部監査の実務の基本とされ，日本の「内部監査基準」にも影響を与えている。IIAは，世界のインターナル・オーディターから意見を公募して基準類の改訂を頻繁に行っている。「内部監査の専門職的実施の国際基準」は内

❺ 企業グループ内部監査の基本

部監査のグローバル・スタンダードということができる。

IIAは，内部監査人のガイダンスとして次の6種類のドキュメントを「専門職的実施の国際フレームワーク」(International Professional Practices Framework = "IPPF") として公表している（詳細は本内部監査実務シリーズの第1分冊『内部監査の基礎知識』を参照されたい）。

- 拘束的な性格をもつ（Mandatory）ガイダンス：「内部監査の定義」，「倫理綱要」，「内部監査の専門職的実施の国際基準」
- 強く推奨される（Strongly Recommended）ガイダンス：「ポジション・ペーパ」，「実践要綱」，「プラクティス・ガイド」

IPPFの中核を成すのが「内部監査の専門職的実施の国際基準」である。海外の内部監査人との連携において，また，海外子会社などの海外の被監査部門に内部監査の意義を説明する際に「内部監査の専門職的実施の国際基準」に基づく内部監査は理解を得やすい。「内部監査の専門職的実施の国際基準」の構成は図表5-2のとおりである。

図表5-2　内部監査の専門職的実施の国際基準

■ 人的基準
1000　内部監査部門の目的，権限および責任
1100　独立性と客観性
1200　熟達した専門的能力および専門職としての正当な注意
1300　品質のアシュアランスと改善のプログラム
■ 実施基準
2000　内部監査部門の管理
2100　業務の内容
2200　内部監査（アシュアランスおよびコンサルティング）の個々の業務の計画の策定
2300　内部監査（アシュアランスおよびコンサルティング）の個々の業務の実施
2400　結果の伝達
2500　進捗状況のモニタリング
2600　最高経営者のリスク許容についての問題解決

出所："International Standards for the Professional Practice of Internal Auditing", The Institute of Internal Auditors（2011）（檜田信男監訳・㈳日本内部監査協会訳（2011））.

「内部監査の専門職的実施の国際基準」は人的基準と実施基準から成る。人的基準は内部監査部門および所属する内部監査人に求められる要件を規定している。実施基準は内部監査部門の管理および個々の内部監査の業務の基本について規定している。

なお，企業グループの事業範囲が国内に限定される場合には，日本内部監査協会の「内部監査基準」が，「内部監査の専門職的実施の国際基準」を参照しつつ日本の実情に即して作成されていることから，依拠すべき基準として推奨される。ただし，海外展開していない企業グループの内部監査部門においても，内部監査のグローバルのトレンドを知るうえで「内部監査の専門職的実施の国際基準」やIIAの動向を把握しておくことが望ましい。

(3) 内部監査規程の作成

選定した企業グループの内部監査基準に基づいて親会社および内部監査部門をもつグループ会社で各社の実情に合わせた内部監査規程を策定する。グループ会社の内部監査規程は極力親会社の内部監査規程と整合させる。

社外文書である内部監査基準と異なり，内部監査規程はグループ各社内部監査部門の連携をとりつつ各社の社内で作成された社内文書である。

内部監査規程は経営ニーズに応じた内部監査を組織的，計画的，効果的に実施するための内部監査についての社内規程である。内部監査規程は，取締役会規程，稟議規程等とともに企業経営の根幹的事項を定めた基本規程として位置づけられる。そのような基本規程として親会社，グループ会社の取締役会などの経営意思決定機関で承認・改訂を行う必要がある。

内部監査基準が組織外ですでに作成されているものであるのに対し，内部監査規程は企業グループおよび各社の実情に応じて作成するものである。企業グループ経営のあり方が各社各様であるのと同様に，経営を支える内部監査のあり方も各社各様である。規程のひな型やサンプルを参考にすることはできるが，そのまま使うことはできない。検討を重ねて自社に合う内部監査規程を作り込まなければならない。参考として「内部監査の専門職的実施の

図表5-3 内部監査規程の構成（企業グループ親会社の例）

```
1．内部監査の目的
2．内部監査の対象
3．内部監査組織
4．内部監査部門の管理
5．内部監査担当者の義務・責任
6．内部監査担当者の権限
7．内部監査業務の基本的事項
8．内部監査と他の監査との関係
```

国際基準」（IIA），「内部監査基準」（日本内部監査協会）および企業グループの内部監査規程の実例を基に企業グループ親会社の内部監査規程の基本的な構成を**図表5-3**に示した。

内部監査規程の各項目で規定する事項は次のとおりである。

1）内部監査の目的

企業グループの経営理念，経営戦略に根ざした経営のための監査であることを内部監査の基本目的として明記する。内部監査業務を担う親会社およびグループ会社のインターナル・オーディターだけでなく，監査対象となる親会社，グループ会社各社の役職者，担当者にもどのような目的で内部監査を行うのかということを周知徹底するために，内部監査の目的を明示することはきわめて重要である。

欧米のグローバル企業では，ミッション・ステートメントを作成して内部監査のミッションをグループ内に周知している例が多い。日本の企業でも，とくに海外事業を展開している企業グループでは，経営のために行う内部監査であることを海外グループ会社・拠点の役職員に知ってもらうために，内部監査のミッション・ステートメントを作成することは検討に値する。

2）内部監査の対象

親会社の内部監査規程では，内部監査の組織上の対象範囲としては，グル

ープ会社を含めた企業グループ全体であることを明記する。対象領域については，コーポレート・ガバナンス，リスク・マネジメント，コントロールといった内外の内部監査基準で示されている内部監査の対象領域をすべてカバーすることができるように経営活動全般とする。

　独自の内部監査部門をもつグループ会社の内部監査規程においては，組織上の対象範囲は各社の傘下企業を含めた経営組織とし，対象領域は親会社内部監査部門と同様に経営活動全般と規定する。

３）**内部監査組織**

　親会社および内部監査部門をもつグループ会社各社の内部監査担当部署と指揮命令系統・連携関係について定める。親会社ではグループ最高経営者直属の内部監査部門（Corporate Internal Audit Department／Division）を本社に設置することが望ましい形態である。

　独自の内部監査機能をもつグループ会社がある場合には，その内部監査部門は，親会社内部監査部門の指揮命令下におくか，その会社の経営トップ直属とすることが望ましい。ただし，必ずしも親会社サイドでそのグループ会社の組織の位置づけを決められるものではないので，基本的にはそのグループ会社の経営者の意向も踏まえた組織だてになるであろう。さらに，親会社内部監査部門とグループ会社内部監査部門の連携のあり方を設計する必要がある。グループ会社が強力な内部監査部門をもつ場合には，親会社・グループ会社の役割分担によって連携を図ることになる。

　グループ会社内部監査部門を親会社内部監査部門の指揮命令下における場合には，グループ会社内部監査部門は親会社内部監査部門傘下の組織とする。とくに重要な海外拠点については，親会社内部監査部門が直接指揮する内部監査部署を現地に設置することを検討する必要がある（米系グローバル企業によくみられる組織形態である）。

　企業グループの組織事情などによってグループ会社の内部監査部門を親会社内部監査部門の指揮命令下におけない場合には，グループ会社経営トップ

直属など，グループ会社の内部監査部門の組織的位置づけを明確にして，親会社内部監査部門との連携関係とあわせてグループ本社・グループ会社間で合意する必要がある。

グループ会社内部監査部門を指揮・命令するのは親会社内部監査部門か，あるいは所属するグループ会社の経営トップか，関係者が誤解することのないように，グループ会社内部監査部門に対する指揮命令系統を明確にすることが重要である。

指揮命令系統・連携関係が定まったら，親会社および各グループ会社の内部監査規程で各内部監査部門の指揮命令系統と連携関係を反映させて親会社内部監査部門と各グループ会社内部監査部門との関係を規定する。最後に，各社の内部監査規程の整合性を確認し，企業グループ全体の内部監査組織・業務体制を明確にする。

4）内部監査部門の管理

本書の48～52ページ「4．企業グループ内部監査マネジメントのポイント」で述べた項目を基に親会社およびグループ会社の内部監査部門で運営管理すべき事項を規定する。具体的には次のような事項を規定する。

- 企業グループ内部監査戦略の立案（親会社内部監査部門）とそれに基づく内部監査計画（中長期および年度）の立案（すべての内部監査部門）
- グループ全体の経営活動および内部監査に関する情報収集・報告・共有
- 内部監査部門とステークホルダー（マネジメント，ガバナンス機関など）とのコミュニケーション
- インターナル・オーディターの育成，教育・研修
- 内部監査の品質管理，品質評価

内部監査の品質評価（本書の51～52ページ「(9)内部監査の品質管理」参照）については，企業グループ全体の内部監査活動の品質評価を組織的に実施するために，内部評価の連携・分担，外部評価への対応等，親会社およびグループ会社の内部監査部門の役割について各社の内部部監査規程で規定す

る必要がある。

5）内部監査担当者の義務・責任

　独立性，客観性，倫理，守秘義務，専門職としての正当な注意，専門的能力を維持・向上させるための自己研鑽等，企業グループのすべての内部監査担当者がインターナル・オーディターとして果たすべき義務・責任を定める。

6）内部監査担当者の権限

　親会社およびグループ会社各社の内部監査規程において，監査対象の各部門，各社に対して資料提出，説明，その他内部監査実施上必要な事項についてインターナル・オーディターは協力を求めることができることを規定する。会計監査人や監査役・監査委員などの法定監査の監査人と異なり，インターナル・オーディターは法的権限をもたないので，内部監査規程が権限行使の拠りどころとなる。

7）内部監査業務の基本的事項

　個々の内部監査プロジェクトの計画，実施，報告およびフォローアップといった内部監査業務の各プロセスにおける基本的事項について定める。この基本的事項については，親会社・グループ会社とも同一の規定とし，さらに，内部監査規程で規定されている基本的事項に基づく内部監査実務は後述の「グループ内部監査マニュアル」をガイダンスとして実施することを各社の内部監査規程で規定する。

　企業グループとして統一感のある内部監査を実施するためには，内部監査の基本的な事項は共通のルールとして定めて，各社監査部門がルールに基づいた内部監査を実施することが重要である。

　ただし，いったん作ったルールを金科玉条とすることなく，状況の変化に応じた改訂をタイムリーに行うことも大切である。

8) 内部監査と他の監査との関係

日本の親会社においては，内部監査と，法定監査である監査役監査または監査委員会監査との関係，さらに，外部監査（公認会計士監査）を受ける会社の場合には外部監査との関係も規定する。三様監査の連携を内部監査規程においても明示することが望ましい。国内のグループ会社においても親会社と同様に他の監査との関係を規定する。

海外のグループ会社においては，親会社の内部監査規程で規定される三様監査連携の趣旨を活かしつつ，所在国のガバナンス規制への準拠も考慮に入れて内部監査と会社を取り巻く各監査人との関係を規定する。

(4) 企業グループ内部監査マニュアルの作成

内部監査規程で規定された内部監査業務の基本的事項の各項目について，各社の内部監査部門が実施すべき具体的な業務手続についての指針を企業グループ内部監査マニュアルとしてとりまとめる。マニュアルは内部監査規程に定められた内部監査業務の実施細則としての意義をもつ。**図表5-4**に企業グループ内部監査マニュアルの構成例を示した。

図表5-4　企業グループ内部監査マニュアルの構成例

```
Ⅰ．企業グループ内部監査部門間のコミュニケーション
  1．親会社・グループ会社内部監査部門の相互連携
  2．データベースの利用
  3．インターナル・オーディターの教育・研修
Ⅱ．個別内部監査プロジェクトの実行プロセス
  1．リスク分析・内部監査計画
  2．内部監査実施
  3．内部監査報告
  4．内部監査のフォローアップ
```

企業グループ内部監査マニュアルの各項目には，次のような内容を記載する。

1）企業グループ内部監査部門間のコミュニケーション

　親会社および各グループ会社の内部監査部門の間のコミュニケーションについてのルールや情報共有の方法について記載する。具体的には次のような項目について記載し，これらの項目について各社の内部監査部門が同じ理解をもつようにする。

・親会社・グループ会社内部監査部門の相互連携

　　親会社の内部監査部門がグループ会社の内部監査部門に指揮権をもつ場合には，指揮命令系統，指示事項などを明示する。指揮権をもたない場合には，相互連携のためのルール，方法などを定めて共有する。

・データベースの利用

　　情報は集約・集積する方が利用価値が高くなる。企業グループとしてのスケールメリットを活かすように情報の集約と継続的に集積・更新を行いグループ全体で利用する仕組みを作る。情報共有の仕組みとしては，各社の内部監査部門がアクセスできるデータベースを構築することを推奨する。表題のみ英語にして中味はどの言語でもよいことにすれば，各国のインターナル・オーディターが同じデータベースを共有することができる。

・インターナル・オーディターの教育・研修

　　教育・研修もグループ全体で企画・実行する方が充実した人材育成ができる。また，集合研修は，普段顔を合わせることの少ない各社のインターナル・オーディターの交流の場ともなり，意思疎通と一体感の醸成にも役に立つ。充実した教育・研修はインターナル・オーディターの士気向上に寄与する。

2）個別内部監査プロジェクトの実行プロセス

　リスク分析・監査計画から実施，報告，フォローアップにいたる内部監査一巡のプロセスについて標準的な手順を示して各社の内部監査部門の監査の参考に供する（「内部監査一巡のプロセス」については本書の108～113ページ「4．企業グループ内部監査のプロセス」参照）。

❺　企業グループ内部監査の基本

　小規模の内部監査部門では内部監査の実務に必ずしも精通していないインターナル・オーディターも配属されることから、監査のビギナーでもわかるような平易で標準的な内部監査の手法を示す必要がある。標準的な手法は各監査部門で開発するよりも企業グループ全体で開発・更新する方が効率的であり、また複数の内部監査部門メンバーの協業の場合にも同じマニュアルに基づいて監査を実行すると、チームワークを作りやすく、高い監査効率・効果を期待することができる。

　以上が企業グループ内部監査マニュアルの内容である。できるだけコンパクトなマニュアルの方が使いやすく更新も容易である。また、海外グループ会社に内部監査部門をもつ企業グループの場合には、誰もが読むことができるように英語版のマニュアルをもつ必要がある。

(5) 内部監査チェックリストの作成

　反復的に行う監査など、監査着眼点がある程度定まっている内部監査の場合には、監査項目ごとの監査着眼点を内部監査チェックリストとしてまとめておくと有益である。たとえば、企業の業態や主要業務サイクルに応じて次のようなチェックリストを作成する。
- 販売業務監査チェックリスト
- 購買業務監査チェックリスト
- 営業店監査チェックリスト

　組織的に網羅性をもって内部監査プログラムを作成するうえで、内部監査チェックリストは役に立つ。また、社内規程準拠を確認するために画一的な内部監査を実施する場合等、監査プログラムの作成を省略し、内部監査チェックリストを基に往査を実施する場合もある。

　法規制、商慣習などの事業環境が異なれば監査着眼点やチェック項目も異なるので、このようなチェックリストは必ずしも海外グループ会社には適さない場合もある。そのような場合、国内のみでの適用、ないし英語版を作成

して適用可能な海外グループ会社で活用することになる。

　なお，チェックリストはあくまで内部監査実施上の参照ガイドであり，チェックリストを機械的に埋めるだけでは監査を実施したことにはならないとの注意を徹底することも必要である。

(6) 内部監査プログラムの作成

　往査に際してインターナル・オーディターが実施する具体的な内部監査の手続を内部監査プログラムとして取りまとめる。たとえば，販売業務の業務監査を実施する場合，販売業務に係る内部統制の整備状況および運用状況を確かめる内部監査手続を取りまとめて販売業務内部監査プログラムを作成する。内部監査プログラムは内部監査手続書，内部監査手順書といわれることもある。いずれも内容は同じである。公認会計士が内部監査の利用を検討する際に内部監査プログラム（内部監査手続書）が適切に作成されているかどうかが検討ポイントとして挙げられている（本書の82ページ「公認会計士が内部監査の利用を検討する際のポイント―(3)」参照）。

　内部監査プログラムは個々の内部監査（内部監査プロジェクト）ごとに作成する。したがって，内部監査マニュアルや内部監査チェックリストが事前に作成されているのに対し，内部監査プログラム作成のタイミングは内部監査プロジェクトの計画段階になる。

　同種の内部監査を反復して実施する場合には，汎用的な内部監査プログラム（Mother Audit Program）を作成して，これを加工して各プロジェクトの内部監査プログラムとすることが効率的である。

　企業グループ内部監査においては，財務，人事，販売などの各社に共通する基幹業務について汎用的な内部監査プログラムを作成して，親会社およびグループ会社各社の内部監査部門の参考に供することが望ましい。海外グループ会社に内部監査部門をもつ場合には，参考に供する内部監査プログラムは英語版を作成する。

(7) その他の内部監査のインフラの整備

　以上のドキュメントに加えて，内部監査の実務を支援するツールや各種書式のテンプレートを実務の経験を踏まえて順次整備して企業グループの各内部監査部門の参考に供することが，企業グループ全体の内部監査の有効性・効率性の向上に役立つ。無理にすべてを英訳する必要はなく，日本語，英語等各種のツールを必要に応じて漸次充実させることが望ましい。

　さらに各種ドキュメントやツールを掲載するデータベースを構築して企業グループ全体のナレッジ・ベースとすることを推奨する。表題だけ英語とし，コンテンツはどのような言語でもよいことにすれば，各国の内部監査部門で利用しやすいデータベースになるであろう。

3. 内部監査人の教育研修体制の整備

(1) 人材育成の重要性

　内部監査で最も重要な資源は「人」である。いかに先端的な手法やソフトウェアを導入しても，使いこなす人材がいなければ充実した内部監査を実行することはできない。

　グループ本社内部監査部門は，内部監査の対象である内部統制，リスク・マネジメント，コーポレート・ガバナンスといった幅広い領域についての知識と監査スキルを高める組織的かつ継続的な教育・研修を計画してインターナル・オーディターを育てなければならない。内部監査部門長の仕事は人材育成であるといっても過言ではない。

　グループ会社のインターナル・オーディターにとって内部監査の教育研修は，内部監査についての知識を深めると同時に，集合研修などをとおしてグループ本社や他のグループ会社のインターナル・オーディターとも接することによって，視野を広げプロフェッショナルとしての素養を高める機会にな

る。教育研修はインターナル・オーディターの士気向上の場でもある。

　また，日本では，監査法人に所属する公認会計士と異なり，企業に所属するインターナル・オーディターの多くは生涯監査の仕事を続ける訳ではない。他部門への移籍を前提としたキャリアパスも用意して，インターナル・オーディターが安心して仕事に取り組める職場環境を整えることも大切である。

　グループ本社内部監査部門長には，インターナル・オーディター個々人のキャリアプランを考慮したグループ内部監査部門全体の人材育成策を推進する責任がある。

(2) インターナル・オーディターの教育・研修

　人材育成の機軸になるのが教育・研修である。内部監査を実施するうえで遭遇する問題に定型的なものはなく，定型的な解決方法もない。インターナル・オーディターは日々新たな問題に直面し，新たな解決方法に頭を悩ますことになる。そもそも監査とコンサルティングは，両方とも担い手の創意工夫と努力が仕事の成否を決める創造的な仕事である。監査とコンサルティングを合わせ持つ内部監査は，日本においても海外においても高度に創造的な仕事である。

　内部監査の現場作業はチームワークで行うことを基本とするが，問題点検出や改善可能性の発見につながる個々の監査作業は，個々のインターナル・オーディターが行う。経営への貢献を志向する以上，経営や業務のあり方も考察して改善策を検討することが内部監査チームの全メンバーに求められる。内部監査の成果をあげられるようにインターナル・オーディターの1人ひとりを資質・知識・経験を備えたプロとして育て上げる必要がある。

　企業グループのインターナル・オーディターに求められる資質とスキルとして次の項目があげられる。こられの項目について企業グループ全体のインターナル・オーディターの教育・研修を実施することが企業グループ内部監査部門の課題である。

❺ 企業グループ内部監査の基本

1）自社（企業グループ）のビジネスについての理解

　まず，企業グループのビジネスや業務プロセス，管理の仕組みについての教育・研修を行う。会社のビジネス等についての一般的な教育はグループ各社の入社時教育から行われているであろうから，経営に役立つ内部監査を指向する観点からインターナル・オーディター向けに経営課題，経営管理の重点などに着目した再教育を行う。

　グループのビジネスとかかわりの深い市場や経済についてもグループのインターナル・オーディターが共通の認識をもつように教育する。経済・経営の素養はインターナル・オーディターにとって必須である。

2）内部監査業務についての理解

　次いで，自社で実際にどのようにして内部監査が行われているか教育する。監査規程，監査マニュアル等の一連の監査関連文書について説明する。生きた教材として実際に作成された内部監査調書・報告書を使うと効果的である。

　グループ全体にわたって統一的な企業グループ内部監査を行うためにインターナル・オーディターの集合研修は重要である。海外にインターナル・オーディターを配置している場合は研修参加の海外出張をともなうことになるが，少なくとも年に1回は集合研修を行うことが望ましい。

3）内部監査関連知識の習得

　自社の監査業務について一通り理解できたら，コーポレート・ガバナンス，リスクマネジマント，コントロールといった監査対象領域，および，経済，経営，法律，会計を始め，幅広い内部監査関連分野の知識の教育・研修を実施する。講師となる専門家を内部で調達できない場合には，外部から招聘したり，あるいは，内部監査部員を外部研修に参加させる。また，関連書籍の読書や資格取得も奨励する。

　ともすると，目の届く本社内部監査部門での研修支援が手厚くなりがちだが，地方の事業拠点や海外グループ会社などの遠隔地に配置されているイナ

ターナル・オーディターの支援にも十分留意する必要がある。

4）内部監査実務スキルの習得

　知識の習得と並行して，内部監査の現場で実際に監査業務を遂行できるように内部監査実務スキルの習得を目的とした教育を行う。実務スキルの習得のためには，監査実施現場での教育が最も効果的である。

　現場教育の手法は，OJT（On the Job Training，業務現場における教育・訓練），OJD（On the Job Development，業務現場における人材開発），さらに PC&D（Performance, Coach and Development，実務をとおしてのコーチングと人材開発）へと発展を遂げている。人材教育が最も重要な部門である内部監査部門では，たえず新しい教育手法を研究して積極的に導入すべきである。

　これらの教育手法の用語が英語表記であることからわかるように，新たな教育手法は米・英などの英語圏で開発される場合が多い。グループ本社内部監査部門は，本社人事部や海外グループ会社内部監査部門の協力を得て，常に先端手法を導入するように心がけるべきである。

　これらの研修項目を並行して実施してインターナル・オーディターに必要な知識を身につけさせ，実りのある経験を積ませ，その過程で資質に磨きをかける。グループ全体のインターナル・オーディターに十分な研修の機会を与えて，彼ら・彼女らを世界に通用するインターナル・オーディターとなるように育成することがグループ本社内部監査部門長の役割である。

4. 企業グループ内部監査のプロセス

　内部監査には，リスク分析から監査計画，監査実施，結果報告，フォローアップに至る一連のプロセスがある。限られた人材で内部監査のプロセスを効果的・効率的に進めるためには，リスクアプローチ内部監査が有効である。

❺ 企業グループ内部監査の基本

ここでは，企業グループの本社とグループ会社の内部監査部門がどのようにしてリスクアプローチ内部監査を導入して内部監査一巡のプロセスを推進するか説明する。

(1) リスクアプローチ内部監査の導入・確立

1) リスクアプローチ内部監査の必要性

"リスクなければ利益なし"といわれるように，厳しい国際競合の下で成長を目指す企業はリスクをとらざるを得ない。多角化，国際化，さらにはグローバル化を図る企業グループは絶えずさまざまなリスクに直面しながらビジネスを展開することになる。

このような経営環境において，経営目的達成を支援する内部監査の役割は重要である。内部監査部門は，自社がどのような事業目的を達成しようとしているのか，目的達成を目指す過程で遭遇するリスクは何か，そのリスクを制御するコントロールは何か，といった「目的」,「リスク」,「コントロール」の連鎖を分析し，キーとなるコントロールに焦点をあてて内部監査を実施することが効果的であり効率的である。この「目的」,「リスク」,「コントロール」の連鎖で「内部監査」を組み立てる手法を「リスクアプローチ内部監査」という（図表5-5参照）。

図表5-5　リスクアプローチ内部監査

目的の明確化	●企業目的，経営課題 ●事業目的 ●業務目的　など
↓	
リスクの識別	●事業リスク ●業務リスク ●財務リスク　など
↓	
コントロールの特定	●全社的内部統制，経営管理体制 ●業務管理体制 ●業務プロセス内部統制　など
↓	
内部監査の計画	●経営監査 ●業務監査 ●IT監査　など

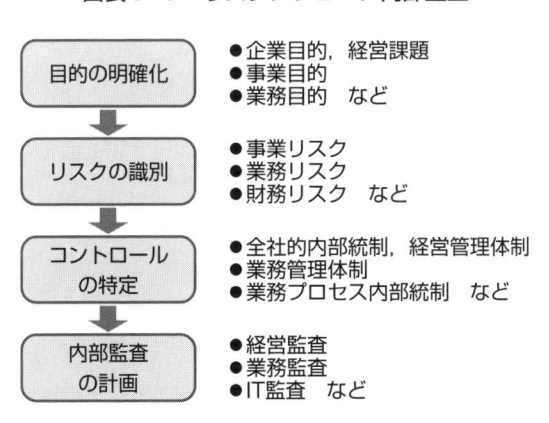

たとえば，中国進出を意思決定した企業において，初めて中国で事業を行うにあたって遭遇するであろう事業リスクとそれを制御するコントロールを見極め，そのコントロールの整備・運用状況を監査する経営監査・業務監査を企画する。あるいは，収益規模維持のために新規の販路を開拓する場合，与信リスクと与信管理に重点をおいた業務監査を企画する。

　さまざまなリスクに対処しながら事業運営を進めるグループ経営のモニタリング機能を担い，しかしながら人員面の制約もうける企業グループ内部監査部門にとって「リスクアプローチ内部監査」の導入と確立は重要な課題である。

　企業グループ内部監査においては，「リスクアプローチ内部監査」の手法に沿ってグループ会社およびグループ会社の内部監査部門でリスク分析と中長期・年度監査計画を作成し，年度監査計画に基づいて個別の監査プロジェクトを実施することになる。以下，各ステップについて説明する。

2）グループ本社内部監査部門が実施するリスク分析・計画作成のプロセス

　グループ本社内部監査部門は，「リスクアプローチ内部監査」を導入・確立して企業グループ内部監査を効果的かつ効率的に実施する役割を担う。

　まず，企業グループの事業目的や経営課題を明確にして，目的や課題を達成するうえで遭遇するであろうリスクの識別と分析を行う。いわゆるリスクのたな卸しである。内部統制報告制度への対応やERMの導入によって，企業グループとしてリスク分析を行っている場合が多いと思われる。このような場合には，企業グループとしてのリスク分析の結果を内部監査部門が行うリスク分析のベースとして活用すると効率的である。

　このようにして企業グループが対処すべきリスクの識別・分析を行った結果，重要リスクと判定したリスクについて，リスクを制御するコントロールを特定する。とくに重要なコントロールをキーコントロールとして特定する。最後に，コントロールの整備・運用状況に焦点をあてて企業グループ全体の内部監査を組み立てる。成果物として企業グループの中期経営計画に見合う

❺ 企業グループ内部監査の基本

企業グループ内部監査の中期監査計画を作成することが実務的である。中期監査計画をグループ全体で共有し，グループ本社・グループ会社の内部監査部門の年次計画に展開する。グループ本社内部監査部門は，中期監査計画を羅針盤にしてグループの内部監査活動の管理や報告を行う。

グループ本社内部監査部門は，グループ内部監査全体でのリスク分析や中期監査計画策定を踏まえて，グループ本社内部監査部門が直接担当する監査対象について詳細なリスク分析を行い，年度監査計画を作成して監査活動管理・報告を行う。

グループ全体のリスク分析や中期監査計画を作成する際に，グループ会社の内部監査部門も極力参加することが望ましい。少なくともリスク分析資料や中期監査計画書のドラフトをグループ会社内部監査部門にも提示して，意見や質問を受けるような配慮が必要である。他の仕事と同様に，内部監査の仕事も，計画段階から関係者に参加してもらった方が，完成した計画の推進や共同ワークの際に理解を得やすい。このことは，人種や国籍の異なる人たちの協働であるグローバル内部監査の場合にはとくにいえることである。

3) グループ会社内部監査部門が実施するリスク分析・計画作成のプロセス

グループ会社内部監査部門は，グループ本社内部監査部門がリードして進めたグループ全体についてのリスク分析や中期監査計画を踏まえて，自部門が担当する監査対象について詳細なリスク分析を行い，年度監査計画を作成して監査活動管理・報告を行う。

(2) 個別の内部監査プロジェクトにおける内部監査一巡のプロセス

グループ本社，グループ会社の内部監査部門は，それぞれの年度監査計画に基づいて個別の内部監査を計画して実行する。「リスクアプローチ内部監査」はグループ本社およびグループ会社の内部監査部門が実施する個別の内部監査プロジェクトにおいても適用される。「リスクアプローチ内部監査」に基

図表5-6　内部監査一巡のプロセス

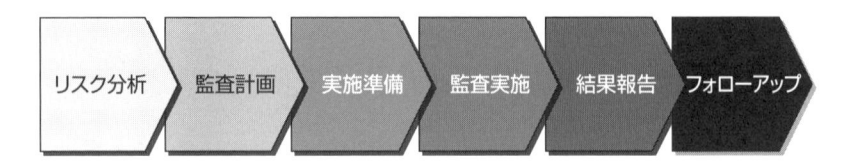

リスク分析 → 監査計画 → 実施準備 → 監査実施 → 結果報告 → フォローアップ

づく内部監査一巡のプロセスを**図表5-6**に示した。

　このような内部監査の進め方は単体企業においても企業グループにおいても同じである（内部監査一巡のプロセスの詳細については本内部監査実務シリーズの第1分冊『内部監査の基礎知識』および箱田（2009）参照）。
　ここでは，企業グループにおける内部監査の観点から内部監査一巡のプロセスを概観する。

1）リスク分析

　高リスク分野に監査の焦点を当てるという観点で，監査対象にどのようなリスクがあるか分析する。比較的規模の大きい企業グループでは，主管部や関係会社管理部，経理部，法務部など監査対象子会社・事業部と関係の深い管理部署などに対するヒアリングを行って，リスク，問題点，懸念事項を聴取することが有益である。

2）監査計画

　監査の成否は計画で決まる。リスク分析で特定したリスクを制御するコントロールの整備・運用状況の監査に重点をおいて監査実施計画を立案する。

3）実施準備

　監査実施計画に基づいて内部監査プログラムを作成する。有用であれば内部監査チェックリストなど他のツールの活用も検討する。

ひととおりの準備ができたらチーム・メンバーによるプランニング・ミーティングを行い，監査対象部門へ監査実施通知を発し，面談のアポイントなどの往査のアレンジを行い，必要に応じて事前の資料提供を依頼する。出張をともなう子会社監査などの場合には，出張の手配を行う。
　必要に応じ，監査対象先に事前に赴いて予備調査を行う。

4）監査実施
　内部監査プログラムなどに基づいて監査手続を実施する。
　初めて往査する子会社などの場合には，監査を始めるにあたって，子会社経営者などの監査対象部門の責任者と面談して，内部監査の目的などを丁寧に説明した方がよい。また，監査最終日には監査対象部門の責任者に対して監査講評を行い，指摘事項や改善提案について説明する。

5）結果報告
　現場監査完了後速やかに監査報告を行う。グループ本社経営陣に対しても，子会社など監査対象部門の経営者に対しても，経営に役立つ指摘・提案をタイムリーに行うことが重要である。

6）フォローアップ
　監査指摘・改善提案に対する改善措置の状況をたしかめる。報告内容に応じてフォローアップの時期・実行者を検討する。特に海外グループ会社など出張を要する遠隔地については，コスト・パフォーマンスも考慮要因になる。

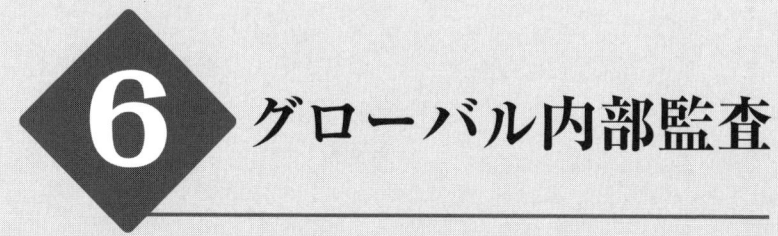

6 グローバル内部監査

1. グローバル内部監査の重要性

　少子高齢化の進展で狭隘化する国内市場と新興国を中心に拡大する海外市場。さらなる成長を目指す日本の企業グループにとってグローバル化は避けて通れない道であろう。

　グローバルに事業展開する企業グループにおいて，グループ本社の経営者自身が直接把握することのできる経営活動の範囲には限界がある。また，さまざまなリスクに直面しながら，言語や文化が異なり，価値観も異なるかもしれない国々の社員を含めて，見たこともない，話したこともないグループの社員を束ねてグローバル・ビジネスを進めることは難事業であり経営者の苦労が推察される。

　このようなグローバル企業においては，内部監査部門が経営者の目となり耳となり手足となって，企業グループ全体にわたって経営活動が経営者の意図どおりに行われているか確かめる役割を担う。経営者になりかわって経営活動のモニタリングを行うグローバル内部監査はグローバル・マネジメントを支える重要な経営基盤である。

2. グローバル内部監査体制の構築

　グローバルに事業展開する企業グループは，ビジネスの内容，性質，規模，複雑性，展開地域等に応じたグローバル・マネジメントの体制を構築する。その一環としてグローバル内部監査体制を構築する。グローバル・マネジメントのインフラとして内部監査は重要な機能を果たす。

　グローバル内部監査体制構築の手順は本書の39～54ページ「❸企業グループの内部監査体制」で示した手順と同じである。集中型，分担型などの企業グループとしての内部監査体制をグローバルに構築する。43～44ページ「(2)国内・海外別内部監査体制」や44～45ページ「(3)地域別内部監査体制」はグ

ローバル内部監査体制の参照モデルとなる。

　さらに，システム監査など特定の監査領域が重要なグローバル企業においては42～43ページ「(1)監査業務別内部監査体制」が参照モデルとなり，国境をまたがってビジネスライン別の事業展開を行っているグローバル企業の場合には45～46ページ「(4)カンパニー別内部監査体制」が参照モデルとなる。実際にそのような内部監査体制をとっている米・欧・日等のグローバル企業の実例のベンチマークも有益である。企業グループのグローバル戦略を踏まえた内部監査戦略を基に自社独自のグローバル内部監査体制を組織することになる。

　グループ本社内部監査部門がグローバル内部監査をマネージするうえで考慮すべきポイントは，48～52ページ「4．企業グループ内部監査マネジメントのポイント」で述べたポイントに加えて，海外グループ会社が内部監査の対象に入ることによる留意事項があげられる。

　海外グループ会社にもインターナル・オーディターが配置されているグローバル企業においては，集中型，分担型など，企業グループとしてどのような形態のグローバル内部監査体制を備えているのか，すべてのインターナル・オーディターに周知徹底することが大切である。

　グローバル内部監査の構築と運用については，グローバル経営，そしてそのモニタリングとしてのグローバル内部監査の経験が豊富な米欧のグローバル企業に比べると，日本企業の力量は全体としてまだ低いと言わざるを得ない。この背景として2つの要因がある。

　1点目として，欧州，米国は長い歴史をかけて内部監査の理論と実務を発展させてきたということがあげられる。日本はその成果を移入しながら内部監査を行うようになった経緯がある。内部監査についての彼我の力量の差はまだ大きい。

　2点目は，日本語を母国語とする日本人特有のハンディである。米国，英国などの英語圏のインターナル・オーディターは母国語である英語を世界のビジネスの共通言語として使うことができる。他方，日本語をビジネスで使

えるのは日本だけである。外国人のインターナル・オーディターに対してリーダーシップを発揮するうえで、また、海外の内部監査実務の現場でも、日本人のハンディは大きい。

このような現状認識をもったうえで、海外子会社、国内子会社などの独自の経営陣をもつグループ会社の内部監査が、しっかりしたグローバル内部監査体制のもとで、組織的、計画的に内部監査を実施するようにグローバル本社内部監査部門の主導で体制を構築することが求められる。統一感のあるグローバル内部監査を実施するためには、言葉の壁を克服してグローバル内部監査体制を確立する必要がある。

3. グローバル内部監査の実践

(1) グローバル内部監査の対象組織と監査種別

グローバル内部監査の実施にあたって、まず、監査対象とする組織と各対象組織について実施する主な監査種別（監査の種類）について検討する。

グローバル企業グループの経営組織は、内部監査の対象という観点からは次の3区分で検討することが実務的である。

- グローバル本社／統括本部……グローバル・マネジメントの統括組織。グローバル本社のみの単層構造の場合と、地域統括本部、カンパニー本部等の中間統括組織が設置される場合がある。
- 親会社業務部門・事業拠点……親会社の本社その他の事業所の現業部門、間接部門。
- グループ会社……子会社、関連会社等のグループ会社。その会社自体の経営機能をもち、同時に、現業部門、間接部門をもつ。

次に、監査対象組織ごとに実施する主な監査の種類を検討する。具体的には、次のような種類の内部監査に重点をおくことが多い。

図表6-1　グローバル内部監査の対象組織と監査種別

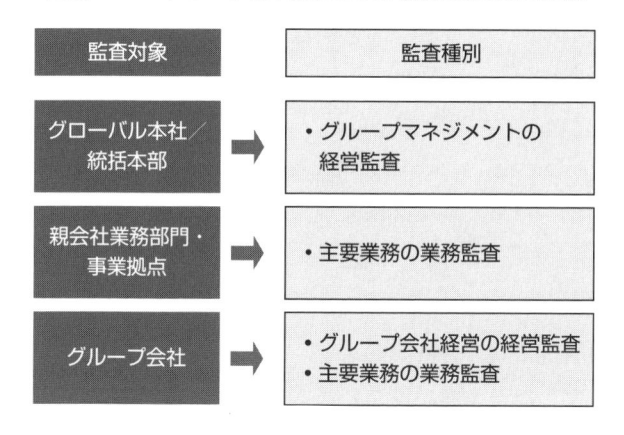

監査対象	監査種別
グローバル本社／統括本部	・グループマネジメントの経営監査
親会社業務部門・事業拠点	・主要業務の業務監査
グループ会社	・グループ会社経営の経営監査 ・主要業務の業務監査

- グローバル本社／統括本部……グローバル企業グループの経営統括機能に対する経営監査。グローバル・マネジメントの整備状況およびグローバル本社・統括本部における運用状況の経営監査を実施する。
- 親会社業務部門・事業拠点……主要業務についての業務監査。特定のリスク，懸念事項がある場合には，その関連業務についても業務監査を実施する。IT監査等の専門分野の内部監査も必要に応じて実施する。
- グループ会社……各グループ会社では，グローバル・マネジメントの運用状況の経営監査，および，各グループ会社自体の経営活動を対象とした経営監査も実施する。さらに，そのグループ会社の主要業務，リスク関連業務についての業務監査も実施する。

企業グループ監査対象組織と監査種別について**図表6-1**に示した。

次に，各監査対象区分について実際にどのような内部監査を実施するか説明する。

(2) グローバル本社・統括本部における内部監査

グローバル本社・統括本部を対象とする内部監査では，本書の7〜22ペー

ジ「4．企業グループのマネジメント・コントロール」で述べたマネジメント・コントロールのインフラである内部統制とリスク管理がグローバル企業グループ全体で機能しているかということを基本的な視座とする経営監査を実施する。

　内部統制については，日本の国際的な企業では，次の項目についての整備・運用状況がグローバル本社・統括本部における経営監査のポイントとしてあげられる。

1）関係会社管理規程／合弁契約

　自社グループの経営実態に即した適切な関係会社管理規程が作成され，国内・海外のグループ会社に伝達され，各社経営者・管理職者に内容が周知されているか。

　グローバル本社・統括本部の経営支配下にない合弁会社については，合弁契約に監査権等，自社のグローバル・マネジメントに必要な条項が織り込まれているか。同様に，グローバル本社・統括本部が指揮権を発動することが実務的に困難な関連会社や上場グループ会社については，親会社とグループ会社との間の事前協議・承認，報告，監査等，グループ本社として管理上必要な事項についての協約や覚書が取り交わされているか。

2）報告・承認体制

　グローバル本社・統括本部の事前協議・承認を要する事項とグローバル本社・統括本部に報告すべき事項は明確にされ，国内・海外のグループ会社各社に伝達され，各社経営者・管理職者に内容が周知されているか。

3）経営活動のモニタリング

　親会社業務部門・事業拠点およびグループ会社を対象とするCSA等のモニタリングの手段がグローバル本社・統括本部において適切に整備，運用されているか。

4） 財務管理／業績管理・評価

　グローバル本社・統括本部が財務管理／業績管理上，必要とする情報を親会社業務部門・事業拠点およびグループ会社から入手する体制が整備されているか。入手した情報のレビューは適切に行われているか。業績評価は，評価者および被評価者が納得する一定の方式によって公平に行われているか。

5） その他の経営管理の仕組み

　その他，グループ経営上重視している経営管理の仕組みが整備・運用されているか。たとえば，コンプライアンス・プログラムといった守りの仕組みから，経営トップが発動した経営戦略の展開といった攻めの仕組みまで適切に整備・運用されているか確かめる。

　これらの項目は，監査上の着眼点が異なっても，監査対象とする内部統制は重複することがある。このような場合，関連する監査ポイントを同時に充足するように総合的な観点で内部監査を計画，実施することが重要である。

　リスク管理については，グローバル企業グループ全体を対象とするリスク・マネジメントがグローバル本社・統括本部において適切に整備・運用されているかということがグローバル本社・統括本部における経営監査のポイントになる。これはERM（エンタープライズ・リスク・マネジメント，全社的リスク・マネジメント）の内部監査を行うことに他ならない。ERMの内部監査については，本内部監査実務シリーズの第2分冊『リスクマネジメントと内部監査』で詳述されている。

(3) 親会社業務部門・事業拠点における内部監査

　親会社業務部門・事業拠点における内部監査は，対象部門・拠点の主要業務に焦点を当てた業務監査が中心になる。業務監査は，一般に**図表6-2**の項目を対象とすることが多い。一度の往査で全項目を対象に内部監査を行うことは深度が浅く，非効率である。業態，リスク，内部統制報告制度上の評

図表6-2　業務監査の主要監査項目（例）

1. 資金管理・財務・税務
2. 販売管理・債権管理
3. 在庫管理
4. 購買管理
5. 製造管理・外注管理
6. 原価管理
7. 固定資産管理
8. 人事管理（ピープル・マネジメント）
9. 研究開発管理（R＆Dマネジメント）
10. 情報システム管理
11. 関係会社管理
12. その他，対象部門・拠点の主要業務

価範囲等に基づいて，特定の項目を選択するリスクアプローチの内部監査を実施することが望ましい。

(4) グループ会社における内部監査

グループ会社では，経営管理部門に対しては経営監査を実施し，業務部門・事業拠点では業務監査を実施する。

グループ会社における経営監査では，本書の119～121ページで述べたグローバル本社・統括本部における内部統制，リスク管理の主に整備面の経営監査と平仄（ひょうそく）をあわせてグローバル・マネジメントの運用面の経営監査を実施する。同時に，グループ会社自体の経営活動について，内部統制，リスクマネジメント，コーポレート・ガバナンスという内部監査本来の対象領域に焦点を当ててハイレベルの経営監査を実施する。

1）グループ会社におけるグローバル・マネジメント運用状況の経営監査のポイント

グローバル・マネジメントの運用状況についてのグループ会社における経営監査のポイントは次のとおりである。

① 関係会社管理規程／合弁契約
　関係会社管理規程，合弁契約，グループ協約・覚書といった企業グループの一員としてグループ会社が遵守すべき規程に規定されている項目は，事業運営・業務実施にあたって遵守されているか。

② 報告・承認体制
　グループ本社・統括本部の事前協議・承認を要する事項と報告すべき事項は，管理職者などの社内の関係者に周知徹底され，規定されている項目について業務実施上，遵守されているか。

③ 経営活動のモニタリング
　CSA等，グループ本社・統括本部からの指示事項について，適切かつタイムリーに実施・報告しているか。

④ 財務管理／業績評価
　グループ本社・統括本部から指示された情報は，指示どおりに報告しているか。情報集約・報告書作成のプロセスは適切か。

⑤ その他の経営管理の仕組み
　グループ本社・統括本部からの指示に従って適切に業務管理・報告がなされているか。

⑥ ERMの運用
　企業グループで構築されているERMの一環としてグループ会社での運用は適切か。

2）グループ会社自体の経営監査のポイント
　グループ会社自体の経営活動についての経営監査のポイントは**図表6-3**

図表6-3　グループ会社経営監査の主要監査項目（例）

> 1．内部統制の整備状況・運用状況
> 2．コーポレート・ガバナンス
> 3．リスクマネジメント
> 4．コンプライアンス
> 5．その他，グループ会社の経営基本管理

のとおりである。

以下，各項目について説明する。

① 内部統制の整備状況・運用状況

　グループ会社およびその傘下の関係会社も含めて内部統制の整備状況および運用状況は適切か確かめる。財務報告関連はもとより，コンプライアンス，経営業務効率等の観点からも監査することが望ましい。

② コーポレート・ガバナンス

　当該グループ会社としてのコーポレート・ガバナンスが確立され，ガバナンス・プロセスは適切に設定されているか確かめる。監査役等のガバナンス機関は適切に機能しているか，経営意思決定・決裁権限の仕組みは適切に整備・運用されているか，といったことが監査着眼点になる。海外子会社の場合には，グループ本社が求めるガバナンス要件への準拠の状況に加えて，所在国のガバナンス規制へのコンプライアンスも監査ポイントになる。

③ リスクマネジメント

　日本版内部統制フレームワークの基本的要素のひとつである「リスクの評価と対応」は適切に行われているか，ERMが導入されている企業グループの場合，グループ本社の方針・指示に基づいてリスクマネジメントが行われているか，といったことが監査着眼点になる。

④ コンプライアンス

　コンプライアンス違反は社会から糾弾され，企業のレピュテーション（名声，評判），イメージ，ブランドを著しく損なうことから，コンプライアンスについての認識が高まっている。親会社はもとより，グループ会社においてもコンプライアンスは重要な監査テーマである。

　わが国の企業グループでは，さまざまなコンプライアンスの取り組みがなされている（**図表6-4**参照）。

図表6-4　コンプライアンス制度・仕組み（コンプライアンス・プログラム）の例

- 企業行動憲章（Code of Conduct）
- 社員行動基準／行動規範
- 役員服務規程
- グループ・コンプライアンス基準
- 内部通報制度／ヘルプライン
- 外部通報制度
- 各種規程（インサイダー取引防止，個人情報保護，など）

　グループ会社においては，企業グループ全体および自社独自のコンプライアンス制度・仕組みの整備・運用状況が監査ポイントになる。また，海外グループ会社においては，所在国ごとに制度・仕組みの現地適応性も検討する必要がある。

　コンプライアンス体制についての内部監査の視点として**図表6-5**の"ExCUSME"のポイントが役にたつ。

図表6-5　コンプライアンス体制の内部監査の視点

"ExCUSME"
- ◆**Ex**istence……………コンプライアンスの制度・仕組みを確立しているか
- ◆**C**ommunication………社員に適切に伝えているか
- ◆**U**nderstanding………社員に理解されているか
- ◆**S**upport………………社員研修・問合わせ対応は適切か
- ◆**M**onitoring……………制度・仕組みが有効に機能していることを確かめているか
- ◆**E**nforcement…………社員評価・懲罰制度と連動しているか

出所：PwCの資料をもとに作成。

⑤ その他の経営管理の基本的な事項

　計画管理，予算統制など，上記以外の項目でそのグループ会社にとって重要な，あるいはリスクの高い経営管理の基本的な事項は適切に行われているか確かめる。

3）グループ会社における業務監査のポイント

　グループ会社の業務部門・事業拠点では業務監査を実施する。親会社業務部門・事業拠点における業務監査のケースと同様に，グループ会社の主要業務に焦点を当てた業務監査が中心になる。たとえば，販売子会社であれば販売管理，債権管理，在庫管理といった項目が重点監査対象項目になる。製造子会社では，製造管理・外注管理，原価管理，購買管理，在庫管理，固定資産管理といった項目が重点になる。また，どのような業態でも不正予防の観点から現預金の保全を含めた資金管理は共通の監査項目になる（**図表6-2**参照）。

　グループ会社の内部監査は出張をともなうことが多く，決められたスケジュールのなかで全項目を対象に内部監査を行うことは不可能である。グループ会社の状況を事前によく分析して高リスク項目に重点をおくリスクアプローチの内部監査を心がけることが望ましい。

7 海外グループ会社の内部監査

1. 海外グループ会社内部監査の意義

　海外グループ会社の経営状況については，地理的遠隔性からグループ本社経営者の目が届きにくい。また，海外事業は，文化，法制度，商慣習など経営環境が国内事業とは異なることから，グループ本社経営者の理解度は低くなりがちである。また，言葉の壁もコミュニケーションの障害になっていることは否めない。これらの要因から，国内親会社・グループ会社に比べて海外グループ会社は相対的に経営リスクが高くなっている。

　経営者の目となり耳となり手足となって現状を調査し，問題点を指摘し，改善提案を行う内部監査の役割は，海外グループ会社の内部監査において最も真価を発揮するということができる。海外グループ会社内部監査の意義がここにある。

2. 海外グループ会社内部監査の難しさ

　海外グループ会社の内部監査は，国内の親会社・グループ会社の内部監査に比べると格段に難しい。難しさの要因として**図表7-1**に掲げた項目があげられる。以下，各項目について説明する。

図表7-1　海外グループ会社内部監査の難しさの要因

① 文化・宗教
② 法制度・商慣習の違い
③ 言葉の壁
④ 地理的遠隔性
⑤ 現地法人経営者，他の株主についての配慮

1）文化・宗教

海外各国はそれぞれ独自の文化をもち，価値観や宗教などにも大きな違いがある。このような文化的な面，さらには現地国で普及している宗教についての歴史的経緯と社会基盤を背景にして各国の法制度や商慣習は独自の発展を遂げ，日本からみると異質性を感じることが多いと思われる。

2）法制度・商慣習の違い

海外グループ会社が立地する国は，それぞれ独自の文化・宗教を基盤とする社会の制度やルールとして法制度や商慣習をもっている。海外グループ会社は所在国の法制度・商慣習を守ることが会社存立の要件といえる。これらは日本の制度などと比べると異なることが多い。

3）言葉の壁

日本は，中学，高校から大学まで熱心に英語教育を行っている国であるが，先進国のなかで日本ほど国民が英会話に弱い国は稀である。半面，日本語は学ぶことが難しい言語で，海外グループ会社の従業員に日本語を習得させることにはかなりの無理がある。必然的に，日本人と現地従業員との間には言葉の壁が生まれる。グループ本社と海外グループ会社との間のさまざまなルートのコミュニケーションも，国内会社同士のコミュニケーションほどスムーズにはいかないのが実情である。片言の外国語や通訳を介しての会話では本音での意思疎通が難しい。内部監査の実務においても，コミュニケーションが上手にできないと作業が進まない。

4）地理的遠隔性

現代は，電話やメールで世界のどこにいる人とも，いつでも連絡のとれる時代である。しかし，握手をして顔をみながら話す"face to face"の話し合いに勝るコミュニケーションの手段はない。日本でも昔から「面談」の重要性が認識されている。同じオフィスにいれば面談は容易であるが，執務場

所が異なる場合、ミーティングのための日程調整が必要になる。海外グループ会社でのミーティングとなると、往復半日から2日間の出張時間がかかる。また、「百聞は一見にしかず」であり、海外グループ会社の状況は現地でみるのが一番であるが、やはり、出張時間を要するため、簡単な見学でさえひと仕事になる。海外グループ会社の役職者がグループ本社に出張する場合にも同様の負担がかかる。

5）現地法人経営者・他の株主についての配慮

経営に役立つ内部監査を志向する際に、グループ経営という観点での親会社の経営への貢献とともに、往査先の海外グループ会社の経営に対する貢献も果たす必要がある。そのためには、現地法人の経営者や、日本のグループ親会社以外の株主がいる場合には、その株主も内部監査のステークホルダーとして認識して、その期待や要望に配慮する必要がある。とくに、現地法人経営者が、親会社から派遣された役職者ではなく、経営者としての職能を評価されて別のルートでその地位についた専門経営者の場合、内部監査についても理解が深い場合が多い。そのような経営者からも高い評価を得るような監査実績をあげる必要がある。

3. 海外グループ会社内部監査 - 困難克服のポイント

このような海外グループ会社内部監査の難しさを認識したうえで、難しさを克服する方策をたて、しっかりしたグローバル内部監査体制のもとで、組織的、計画的に海外グループ会社内部監査実施することが重要である。困難を克服して実効性のある海外グループ会社内部監査を実施するポイントを図表7-2にまとめた。以下、各項目について説明していく。

図表7-2　海外グループ会社内部監査―困難克服のポイント

① 現地専門家をアドバイザーとして確保
② 現地言語に通じた人材を監査チームに入れる
③ 現地往査の効率的実施
④ 日本語，現地言語の2ヵ国語で監査報告

1）現地専門家をアドバイザーとして確保

　難しさの要因としてあげられる文化・宗教や法制度・商慣習の違いに対する対応としては，現地の事情についての基礎的な学習・理解が必須といえる。ただし，基礎的知識だけでは監査実務はすすめられないので，現地の文化・宗教についての理解が深く，法制度・商慣習および言語に習熟した現地の専門家をアドバイザーとして確保しておく必要がある。親会社あるいは海外グループ会社とのこれまでの関係から信頼のおける弁護士・会計士，国際的なプロフェッショナル・ファームの現地事務所などをアドバイザーとして起用し，必要に応じて相談できる体制を整えることが望ましい。

2）現地言語に通じた人材を監査チームに入れる

　海外グループ会社内部監査では，計画，実施，報告，フォローアップの内部監査の全段階で現地言語の知識が必要である。少なくとも，世界のビジネスの共通言語である英語の素養は必須である。

　日本企業だけでなく，海外企業の内部監査でも現地言語の知識を重視している。米英系多国籍企業など，英語を母国語とする企業の場合，言語の壁はそれほど高くない。それでも，彼らは，在日グループ会社の内部監査を行う場合，英語・日本語のバイリンガルのインターナル・オーディターをチーム・メンバーとする，あるいは，国際ファームからバイリンガルの内部監査専門スタッフの供給を受けて内部監査を実施している。英語圏以外の国での内部監査はそのような現地言語対応に留意したチーム編成を基本としている。

　海外グループ会社に往査する監査チームのメンバー全員が現地言語のスキルをもつことが望ましいが，そのような条件が揃うのはせいぜい英語圏の国

だけである。非英語圏や英語圏でも，必ずしも監査チームの全員が実務レベルの現地言語のスキルを備えていない場合が多い。しかし，監査チームのなかに少なくとも1人は現地言語と内部監査のスキルセットを合わせ持つ人材が必要である。そのような人材を社内調達できない場合は，国際ファームの現地事務所などから人材の供給を受ける必要がある。海外出張監査において社外の通訳を雇うケースを聞くが，社外秘の事柄に監査人としての守秘義務をもたない人が接することになり好ましくない。また，内部統制などの監査対象や監査実務についての基本的な素養のない人には質のいい通訳を期待できない。基本的な監査スキルと監査人としての守秘義務をもち，かつ現地言語に精通した人材を監査チームの一員として確保することは海外監査の必須要件である。

3) 現地往査の効率的実施（入念な計画，内部監査ソフトウェア活用も検討）

　海外グループ会社内部監査の場合，現地往査期間が限られ，最終日には現地マネジメントに対して監査講評を行う必要がある。現地往査を効率的に実施するために，入念に計画して用意周到で現地に赴くことに留意しなければならない。また，現地でのフィールドワークを効率的に実施するためには内部監査ソフトウェアの活用も検討課題である。

4) 日本語，現地言語の2ヵ国語で監査報告（改善勧告の実効性確保）

　監査報告書に含まれる改善提案・改善勧告に応じた改善を海外グループ会社で実施してもらうために，海外グループ会社の人たちにわかる言語で監査報告を行う必要がある。

　国内事業所・グループ会社の内部監査の場合には，グループ本社マネジメント・統括部門向けおよび監査対象会社向けの両方の報告とも日本語で足りるが，海外グループ会社の内部監査の場合，グループ本社向けの日本語の監査報告書に加えて，監査対象会社向けの監査報告書は，現地役職者が全員日本語を理解できるという稀な状況でないかぎりは，現地役職者にわかる言語

図表7-3　海外グループ会社内部監査の報告

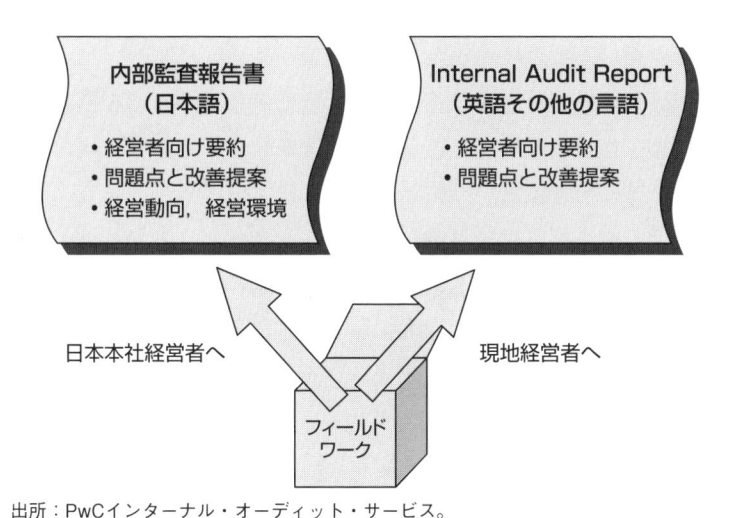

内部監査報告書（日本語）
- 経営者向け要約
- 問題点と改善提案
- 経営動向，経営環境

Internal Audit Report（英語その他の言語）
- 経営者向け要約
- 問題点と改善提案

日本本社経営者へ　　現地経営者へ

フィールドワーク

出所：PwCインターナル・オーディット・サービス。

で作成する必要がある。たとえば，英語圏や英語力を役職者採用の条件にしている場合には，英語の監査報告書を作成する。日本語も英語も堪能でない管理職者を擁する事業所については，現地国語での報告が必要になる。たとえば，必要に応じ，中国の事業拠点では中国語で，タイの事業拠点ではタイ語で報告する。報告相手にわかる言語で報告を行わなければ，内部監査の目的である改善実施を現場の人たちに期待することができない。

したがって，海外グループ会社内部監査の報告に際しては，親会社経営者向けの日本語による監査報告書と，現地グループ会社経営者向けの英語そのたの現地言語による監査報告書の2通りの監査報告書を作成することが望ましい（**図表7-3**参照）。

親会社経営者向けの監査報告書には，経営者向け要約（Executive Summary），問題点と改善提案，さらにグループ本社経営者の要望に応じて現地の経営動向や経営環境を参考情報として記載する。多忙な経営者のために経営者向け要約報告書を別冊で作成する場合もある。

現地グループ会社経営者向けの監査報告書には，経営者向け要約と問題点および改善提案を記載する。現地経営者は問題点と改善提案を熟読するので，経営者向け要約は不要とする場合もある。

　経営者向け要約など，読みにくくない場合には2つの言語を併記して1つの監査報告書を作成する場合もある。その方が親会社経営者と現地経営者は同じ報告書を読んでいるという共感を得られやすい。

　現地言語での監査報告は一見難しいようにみえるが，実際にはそれほど難しいことではない。監査チームのなかの現地言語に精通したメンバーが現地言語による報告書を作成ないし翻訳することになる。そういう意味でも監査チーム内に現地言語のわかる人材を確保しておく必要がある。

5）必要に応じて外注（アウトソーシング）も検討

　海外グループ会社が特定の国に立地する場合には，その国の文化，法制度・商慣習，言語等を熟知したインターナル・オーディターを内部監査部門に配属すれば，一定の対応は可能である。たとえば，海外進出先が中国に限られる場合，日本語・中国語のバイリンガルで内部監査のスキルセットをもった人材を内部監査部門に配属することで対応できる。また，中国事業が一定の規模であれば，現地にインターナル・オーディターを配置することも選択肢になる。専門の人材を確保するほど中国事業の規模が大きくなければ，必要なスキルをもった人材を擁する外部の専門機関の応援を求める内部監査のアウトソーシングが現実的な解決策になる。

　進出先が複数国に及ぶ場合，それぞれのグループ会社所在国の状況に対応できる専門スキルをもったインターナル・オーディターを内部監査部門に配属することは困難である。そのような場合は，世界各国に内部監査専門スタッフを擁する国際ファームにサポートを求めることが現実的である。

　外部の内部監査専門機関に完全に業務委託をする場合をFull Outsourcing（フル・アウトソーシングまたは単純にアウトソーシング）といい，自社のインターナル・オーディターが外部機関の要員といっしょに内部監査を行う

場合をCo-Sourcing（コソーシング）という。自社の経営については外部の要員より自社の社員の方がよく知っているので，内部監査部門に海外往査のできる内部監査人が1人でもいれば，コソーシングの方がお互いの知識・経験を持ち寄ることにより効果的な内部監査を実施することができる。

4. 海外グループ会社内部監査実施上の留意点

海外グループ会社内部監査の基本的なプロセスは通常の内部監査のプロセスと同じである。各プロセスを遂行するにあたって海外グループ会社内部監査でとくに留意する点は次のとおりである。

(1) リスク分析・計画・実施準備のプロセス

海外グループ会社の内部監査を実施する場合，実効性のある監査を行うために，綿密にリスク分析を行い，周到な監査計画を立案することが重要である。国内事業所・グループ会社に比べて日頃の状況把握が手薄になりがちな海外グループ会社の場合，リスク分析・計画立案にかける時間は国内監査の場合に比べて相当多くなるのが通常である。

リスク分析は，グループ本社，中核事業会社・カンパニーのグループ会社統括本部などにおいて監査対象会社の管理を行っている部署のヒアリング，資料収集をとおして行う。たとえば，経理部，法務部，人事部，関係会社管理部，事業主管部等に訪問する。本社などでは入手できず監査対象会社にしかない資料は，対象会社に依頼して事前に入手して分析することが望ましい。コストとの兼ね合いもあるが，現地で事前調査ができればリスク分析の充実度が高まる。リスク分析の結果，浮き彫りにされた高リスク領域を中心にリスクを制御するキーコントロールを想定し，そのキーコントロールの整備・運用状況を確かめる監査手法を選択・適用する。

また，海外監査の場合，予定どおりに監査が実施できなくとも出直しの出張を行うことは実務的に無理なので，現地面談・インタビューのアポイント

等，実施準備も綿密に行う必要がある。

(2) 実施プロセス

　海外グループ会社の内部監査は，出張期間内に予定どおりの監査を行って成果をあげる必要があることから，監査チームは最高のチームワークを維持して，予定どおりの監査を完遂するように進捗管理を十分に行わなければならない。

　また，国内監査同様，問題点があれば深追いして問題の真因を把握しなければならない。状況がわかりにくいだけに，海外監査は国内監査よりも格段に難しい。この難しさをよく認識して監査チームはチーム内の日々のブリーフィングや，グループ本社内部監査部門や国際ファーム現地事務所との連携に留意する必要がある。

　時差のある国で外国語に囲まれ，時間に追われながらの監査はきついものとなる。往々にして体調不調になるので健康管理に留意することも大切である。

(3) 報告プロセス

　海外グループ会社内部監査の報告で留意すべきポイントは3点ある。それは，タイムリーな報告と，相手にわかる言語での報告，および本社関連部門へのフィードバックである。

　1点目のタイムリーな報告は，国内監査でも重要だが，海外グループ会社の内部監査の場合，日頃接する機会の少ない現地の役職者に対しても報告を行う必要があることから，タイムリーな報告がいっそう重要になる。監査期間の最終段階に行われる監査講評で現地マネジメントに重要な問題についての監査指摘や改善提案を的確に行い，問題認識のずれがないようにしなければならない。そのようなしっかりとした監査講評を行うためには，問題点を発見した都度，監査対象部門の担当者と討議して事実誤認がないように注意して指摘事項をまとめ，また，実現可能で適切な改善提案を行うように心が

けなければならない。監査講評会（Exit Meeting）の前段としてPre-Exit Meetingを行って被監査部門の関係者に事実関係を確認することも有益である。

　2点目の相手にわかる言語での報告は，前述のとおり現地言語対応可能な監査チームを編成して，グループ本社向けの日本語による監査報告とともに，海外グループ会社向けに英語ないし現地言語による監査報告を行うということである。

　最後の本社関連部門へのフィードバックとは，海外グループ会社内部監査では，監査対象会社単独では解決できない問題が多いことに因る。グループ運営方針の運用その他，その会社では改善措置が難しい場合，あるいはその会社で特定のスキルセットを備えたスタッフが不足する場合などのケースでは，グループ会社本社主管部署等に対してフィードバックを行ってサポートを求める必要がある。

　海外グループ会社内部監査を実施する過程で，グループ本社・統括本部において改善を要する問題を発見することもある。たとえば，グループ本社における管理不備・指示不足等である。このような場合には，グループ本社等にフィードバックして解決を図ることになる。

(4) フォローアップ・プロセス

　海外グループ会社内部監査のフォローアップには，一般の内部監査と同様に，インターナル・オーディター自身によるフォローアップ監査と監査対象部門の管理部署（海外事業部など）によるフォローアップ，という2通りの方法がある。いずれの方法を採用するか検討する際に，地理的遠隔性を考慮する必要がある。

　重要なフォローアップ事項がある場合にはインターナル・オーディターによるフォローアップ監査が必要となる。緊急度の高い重要案件については，本社の内部監査人がタイムリーに再出張してフォローアップを行わなければならない。とくに，内部統制報告制度（J-SOX,US SOX等）上の経営者評価

図表7-4　海外グループ会社の内部監査スケジュール（例）

2ヵ月前〜	資料入手，本社関連部門へのヒアリング，リスク分析，監査計画，実施準備
x月x日(日)	現地着，現地内部監査担当者（国際ファーム現地メンバー等）と打ち合わせ
x月x日(月)	監査対象部門責任者とのミーティング，事前アレンジ（資料，面談予定）の準備状況の確認，監査開始，現地法人マネジメントとの面談
x月x日(火)	監査作業，社内関係者との面談，現場視察
x月x日(水)	監査作業，社内・外部関係者（会計士・弁護士等）との面談
x月x日(木)	監査作業，問題点指摘・改善提案事項についての事実関係確認
x月x日(金)	監査完了，監査報告書ドラフト骨子完成，現地講評会
x月x日(土)	予備日，監査調書・資料取りまとめ，帰国へ
翌週〜1ヵ月後	監査報告書（英文・和文）完成，本社で監査結果報告会
2〜3ヵ月後	フォローアップ実施（海外事業管理部担当者現地出張時など）

出所：箱田（2009）p.183の図表をもとに作成。

として内部監査が行われる場合には，不備改善の全体スケジュールに沿うようにフォローアップをおこうことが肝要である。

　早急にフォローアップを行う必要がなく，周期的に往査する対象でもなければ，監査対象部門の管理部署の出張時のフォローアップが考えられる。

　海外子会社内部監査のリスク分析からフォローアップまでのスケジュールの例について**図表7-4**に示した。

5. 海外合弁会社の内部監査

　経営支配権の及ぶ子会社と違って経営支配権の及ばない海外合弁会社の内部監査を行う場合には特段の注意を要する。以下に海外合弁会社内部監査の重要ポイントをあげる。

(1) 監査権の有無

　まず，監査対象とする海外合弁会社に当方の内部監査部門が内部監査を行う権限をもっているか確認する必要がある。合弁契約に当方の監査権（Audit

Right）が盛り込まれていれば，権限を主張する強い拠りどころとなる。欧米企業は合弁契約を締結する場合，監査権を契約条項に挿入することが多い。しかし，わが国企業の場合は必ずしもそうでないので，合弁契約の内容を確認することが監査権についての確認作業の第一歩となる。また，他社と合弁事業を行う際には監査権の確保にも留意すべきである。

合弁契約に監査権が盛り込まれていない場合，当方内部監査部門による内部統制評価・内部監査を受け入れることを合弁パートナー／合弁会社と合意することが次善の策となる。当方の監査権を認めていることを示す協約，その他の合意文書がないか確かめる。

当方の監査権を示す契約条項や合意文書が何もない場合には，当方監査部門による内部監査の受け入れについて合弁パートナーおよび合弁会社経営者の了解を取り付けることになる。もちろん合弁契約などによる監査権の裏づけがある場合も，内部監査受け入れについての丁寧な申し入れは必要である。

(2) 合弁パートナー／合弁会社経営者への配慮

海外合弁会社の内部監査を行うにあたって，合弁パートナーと合弁会社経営者に十分配慮しなければならない。

日本企業が連結経営を標榜する前から欧米などの多国籍企業は企業グループ経営を行っており，企業グループ経営活動のモニタリングの一環として親会社本社のインターナル・オーディターが子会社の内部監査を行うことは，各国に所在する外資系企業の子会社では一般的な実務として受け入れられてきた。2002年サーベンス・オクスレー法によって制度化された米国の内部統制報告制度（US SOX）は米国外子会社も対象としたことから，親会社が海外子会社の内部統制を評価したり，内部監査を行うことは通常の実務であるという認識を高めることとなった。

しかし，米国の内部統制報告制度は経営支配権の及ばない合弁会社などの関連会社については対象としていない。関連会社を内部統制報告制度の対象としたのは少なくとも主要国のなかでは日本が初めてである。そのため，日

本の内部統制報告制度（J-SOX）導入にあたり，J-SOX上の経営者評価・外部監査の対象となる重要な合弁会社に投資している日本企業は，合弁パートナーや合弁会社経営者にJ-SOX対応についての協力を求め，なぜ経営支配権が及ばない会社に経営者評価・外部監査を行うのか説得に苦労した会社も少なくなかったようである。

このように経営支配権の及ばない合弁会社にたいして，出資元会社の一方の会社の内部監査部門が内部統制評価や内部監査を行うことは，大規模な合弁会社の場合には出資元会社各社の合意の基に行われることはあるが，必ずしも一般的な実務ではないとの認識をもつ必要がある。そのような認識をもったうえで，海外合弁会社内部監査の企画段階で内部監査の意義，目的などを合弁パートナーと合弁会社経営者に説明してしっかり理解してもらい，監査への協力を確実なものにしなければならない。

(3) 監査成果

経営に役立つことを目的とする内部監査の意義は海外合弁会社の内部監査においても変わりない。海外合弁会社の内部監査では，企業グループ経営への貢献を果たすうえで，グループ本社経営者とともに海外合弁会社経営者にとっても役立つ成果をあげることが重要である。また，海外合弁会社経営者から高い評価を得る監査成果をあげることは，グループ本社マネジメントの信頼性向上に寄与し，ひいては内部監査部門の企業グループにおける立場の向上にも資することになる。

6. 海外グループ会社内部監査の実行体制

海外グループ会社の内部監査を行うにあたって，しっかりした実行体制を整備して実行に移すことが大切である。

海外グループ会社が特定の国に立地する場合には，本書の115～126ページで述べたとおり，その国のビジネス，言語等に精通して内部監査のスキルも

7 海外グループ会社の内部監査

合わせ持つ人材を内部監査部門に配属すれば，一定の対応は可能である。

しかし，専門の人材を確保するほど現地の事業規模が大きくなければ，必要なスキルをもった人材を擁する外部の専門機関の応援を求めることが現実的な解決策になる。また，進出先が複数国に及ぶ場合，各グループ会社所在国の状況に対応できる専門スキルをもったインターナル・オーディターを内部監査部門に配属することも現実的ではない。そのような場合は，世界各国に内部監査専門スタッフを擁する国際ファームに必要に応じてアウトーシングする実行体制を構築することが効率よくグローバル内部監査を実行できる。

外部の内部監査専門機関にアウトソーシングする場合，前述のとおりフル・アウトソーシングとコソーシングという2通りの手法がある。海外グループ会社の内部監査では，最低限の人材を内部監査部門に確保して国際ファームとのコソーシングによることが望ましい。

図表7-5　海外グループ会社内部監査体制（コソーシングの例）

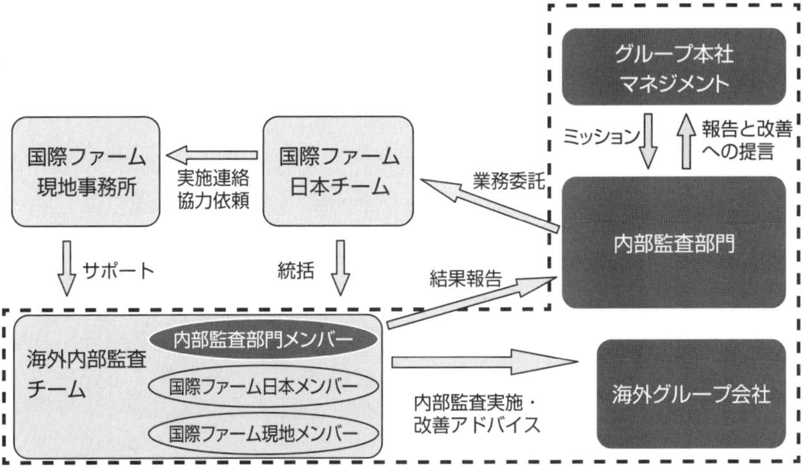

注）「国際ファーム」…世界各国に事務所を持ち，監査，コンサルティング，税務などのサービスを提供するプロフェッショナル・ファーム
　　黒　　枠…自社メンバー
　　グレー枠…国際ファームのメンバー
出所：箱田（2009）p.180の図表をもとに作成。

海外グループ会社が立地する現地国の文化・法制度・商慣習・言語などについては，国際ファームの現地内部監査部員の方が自社の内部監査部員よりも精通している。一方，自社の経営や業務については自社の内部監査部員の方がよく理解している。国際ファームと自社内部監査部門の要員がお互いの知識・経験を持ち寄ることによることによって効果的な内部監査が期待できる。**図表7-5**に国際ファームとのコソーシングで海外グループ会社の内部監査を実施する場合のモデルを例示した。このモデルでは，国際ファームが各国の事情に精通した内部監査専門スタッフをグループ会社の所在国別に選任して，日本事務所の内部監査専門部員スタッフとともに自社の内部監査部員と協業するチーム編成をして海外グループ会社の内部監査を実施する。

7. 海外グループ会社内部監査の展望

　海外グループ会社の内部監査は，最も難易度の高い内部監査である。さまざまな困難に直面しながら関係者の理解を得て，地理的・時間的制約のなかで監査を完遂することは苦労の多い仕事である。

　しかし，日本企業はこれからますます国際化し，企業グループを構成する海外グループ会社は今後とも増えるであろう。絶えず新たに加わる海外グループ会社を包含してのグローバル経営は難事業であり経営者の苦労も推察できる。経営者の目となり耳となり手足となって経営活動をモニターする内部監査の役割は海外グループ会社内部監査においてその真価を発揮する。

　今後ともニーズが高まることが予想される海外グループ会社内部監査に，内部監査人は積極的に取り組んで経営に貢献することを期待する。

8 企業グループ内部監査の課題

最後に，わが国の企業グループの内部監査が抱える課題について述べる。各企業グループに共通する課題として①経営者との関係の強化，②企業グループ・ガバナンスへの貢献，③長期的な人材育成策の確立，④その他の課題があげられる。以下順次説明する。

1. 経営者との関係の強化

経営への貢献を志向する内部監査部門にとって経営者と密接な関係を維持することはきわめて重要である。近年の内部監査のグローバルの動向でも，経営者との関係強化が重視されている。グループ本社内部監査部門は，企業グループ・マネジメントに資する内部監査の実現を目指して日々努力して経営者の信頼を得て，"Tone at the Top" として経営者の内部監査に対する強力なサポートを確保することが望まれる。

経営者との関係強化で留意すべきポイントは次の2点である。

(1) 企業グループ・マネジメントに資する内部監査の実現

多様な会社機関設計を認める会社法のもとで企業グループの経営形態選択の自由度が高まった。このことは一方でしっかりしたグループ・マネジメントの体制を自主的に整備する必要があるということを意味している。

経営者は，グループ・マネジメントのインフラとして，全社的内部統制や企業グループ全体にわたってのリスクマネジメント（ERM）を充実させる必要がある。内部統制にせよ，ERMにせよ，PDCAサイクル（Plan（計画）→ Do（実行）→ Check（評価）→ Action（改善））をまわすうえで内部監査によるモニタリングは重要な役割を担う。また，子会社の自主性を重んじるグループ経営を行う場合には，子会社への権限委譲の程度が高いほど，モニタリングの程度も高める必要がある。ここでも内部監査の役割は高まる。

内部監査は，アシュアランス機能とコンサルティング機能をフルに発揮してグループ・マネジメントに貢献することが求められる。

(2) 経営トップのサポートを得る

　内部監査のグループ・マネジメントへの貢献と裏腹にあるのがグループ経営トップの内部監査に対するサポートである。実効性のある内部監査を進めるうえで経営者の内部監査に対する理解と支援が不可欠である。グループ本社内部監査部門はあらゆる機会を捉えて内部監査の意義，経営上の重要性についてのグループ経営トップの認識を高めるように努力して，企業グループ全体にわたって内部監査の認知・意義を高めるためにアピールする必要がある。効果的に内部監査を実施して監査指摘事項を経営改善に活かすために，企業グループの経営トップが内部監査の必要性を十分に認識し，企業グループ各社の役職者に"Tone at the Top"としてそのメッセージを伝えるよう内部監査部門から働きかけることが重要である。

2. 企業グループ・ガバナンスへの貢献

(1) コーポレート・ガバナンスの改革

　わが国のコーポレート・ガバナンス制度は，これまで100年以上にわたって政治・経済環境の変化のなかで歴史的な変遷をたどってきた。明治時代に監査役制度を核とするドイツ型のコーポレート・ガバナンス制度が導入された。第二次大戦後は，監査役制度を維持しつつ取締役会をガバナンス機関とする米国型の制度が導入された。今世紀初頭には，監査役制度を廃する委員会設置会社の選択が可能とされるようになった。ただし，依然として大多数の会社が監査役設置会社である。

　現在においても，コーポレート・ガバナンスの改革へ向けてさまざまな取り組みがなされている。社外取締役の充実，監査役の権限強化が検討されており，また，監査・監督委員会設置会社制度，従業員代表（選任）監査役制度，公開会社法といった新しい制度の導入も提起されている。

これらの法律の改正をともなう制度改正を目指す動きに先行して，取締役会の監督機能を強化して経営執行は会社法上の役員ではないが企業が任意に選任する役員である「執行役員」に委ねる執行役員制度や，社外役員（取締役・監査役）の独立性を強化した「独立役員」は証券取引所の要請に多数の上場企業が応じて定着してきた観がある。

(2) 三様監査連携強化の必要性

このようなさまざまなガバナンス改革においても三様監査がコーポレート・ガバナンスの中核を担う機能であることに変わりない。すなわち，三様監査を構成する内部監査，監査役・監査委員会監査，外部監査のいずれも，おのおの充実が求められこそすれ，その役割が低くなることはない。どのようなガバナンス改革を進める場合も，実務上重要なことは三様監査の連携強化である。

とくに企業グループにおいては，法人格が異なりそれぞれ独自のガバナンス機関をもつ三様監査の各担い手が，監査の実を上げて企業グループ全体としてのガバナンス（「企業グループ・ガバナンス」）を確立するためにはお互いの連携が重要である。企業グループの規模，複雑性が増すほど連携の重要性は高まる。

(3) 企業グループ内部監査の貢献

企業グループ親会社の外部監査人（公認会計士・監査法人）は，連結財務諸表・内部統制報告書（いずれも経営者が連結ベースで作成）についての監査責任を負い，連結企業グループ全体にわたって監査を行う。親会社の外部監査人は，グループ会社の外部監査を直接自身で行うか，他の監査人に指示を与えて，このようなグループ監査を行う。

監査役・監査委員は，企業グループ全体にわたって経営執行の監査を行う。ただし，監査役・監査委員には，子会社調査権はあるものの，公認会計士監査と違い，法人格の異なるグループ会社の監査役等に指示できる立場にはな

い。お互いの連携によって監査役（監査委員会）監査を実施することになる。

内部監査は，克服すべき種々の困難があるものの，外部監査，監査役監査と異なり，企業グループの実態やグループ経営のニーズに応じてグループ監査のあり方を自由に設計できる。また，経営者からの独立性が必須とされる外部監査，監査役（監査委員会）監査と異なり，内部監査は，グループ経営トップの目となり耳となり手足となって監査とコンサルティングを行うことができる。経営への貢献は内部監査の使命である。また，補助スタッフ不足に悩み個人レベルの監査に留まることを余儀なくされている監査役等と違い，内部監査は，現場監査を実行する監査スタッフを擁して組織的にグループ監査を実行することができる。

このような利点を活かして企業グループにおける三様監査の連携を積極的に進めて企業グループ・ガバナンスに貢献することが企業グループ内部監査に望まれる。

3. 長期的な人材育成策の確立

内部監査部門の資源は人材だけである，といっても過言ではない。したがって人材育成は内部監査部門の重要な課題である。とくに広い守備範囲で多様な難題に対処する企業グループの内部監査部門にとって人材育成はきわめて重要である。

企業グループは，国際的な競業のなかで経営の力をすべて発揮して市場におけるポジションを不断に維持・向上させることが成長のためにも，生き残りのためにも必要とされる。このなかで，企業グループ内部監査はグループ経営を支える重要な機能を担う。したがって，内部監査部門自身が世界の競合相手の内部監査部門の実力と比較して少なくとも比肩し得る実力をもたなければならない。

しかしながら，日本企業の内部監査部門が米欧企業の内部監査部門と同レベルの実力を身につけることは並大抵のことではない。その理由は3点ある。

それは，英語，歴史，プロフェッションである。

まず，英語については，世界共通語である英語を母国語とする米・英・オーストリアといった英語圏諸国の企業の内部監査部門と比較して，日本企業の内部監査部門は明らかにハンディを負う。（詳しくは本書の115〜126ページ「❻グローバル内部監査」参照。）

次に，これまで述べてきたとおり，内部監査の歴史においても米欧は日本より先んじており，長年にわたる実務と理論の積み重ねの差は大きい。

最後に，そのような歴史を背景にして，海外諸国，とくに米国では内部監査はビジネス社会で認められたプロフェッション（専門職業）である。内部監査の仕事をするインターナル・オーディターはプロフェッショナル（専門職者）とみなされるようになっている。必ずしも自己の希望ではなく辞令で配属されることの多い内部監査人を擁する日本の内部監査部門と，プロフェッショナルであることを当然とするインターナル・オーディターを主力とする米欧企業の内部監査部門とでは，構成員の性質に差があるといわざるを得ない。

日本企業の内部監査部門が，このようなハンディを克服して米欧のグローバル企業の内部監査部門と比肩し得る実力を身につける鍵は，長期的な人材育成策の確立にある。しっかりとした人材育成策によって企業内人事ローテーションの確立をはじめインターナル・オーディターが安心して，そして意欲をもって仕事に取り組める職場環境を企業グループ内部監査部門全体にわたって整備することが重要である。そのうえでチーム・ビルディングを行い，士気を高めて実務を積み重ねることによって彼我の差を縮める，という地道な努力が必要である。

4. その他の課題

その他，企業グループ内部監査には次のような課題がある。

(1) リスクアプローチ内部監査の充実

　内部監査の機能にはアシュアランス（合理的保証）とコンサルティングがある。このなかでアシュアランスに対するニーズが近年世界的に高まっている。その背景には，内部統制やリスクマネジメントの有効性を求めるステークホルダーの期待に応えるための経営者の内部監査に対する要求の高まりがあるとみられる。経営者は，しっかりとした内部統制やリスクマネジメントが整備・運用されていることを確かめる役割を内部監査に従来にも増して求めているといえよう。このような傾向を踏まえてIIAはアシュアランスを重視する方向へIPPFの改訂を行っている。たとえば，2011年版IPPFの中軸を成す国際内部監査基準で内部監査がもたらすべき価値はアシュアランスであると明記した（2011年版IIA国際内部監査基準 "Value added"の用語説明）。

　アシュアランス強化のニーズがある一方で，激しさを増す企業競合のなかで内部監査も効率化を迫られている状況に変化はみられない。したがって，内部監査で最重要の経営資源である人員の制約を受けながらアシュアランス機能の強化を図ることが内部監査の課題になる。

　企業グループの場合，グループ本社経営者が掌握すべき事業範囲は広く，かつ複雑である。経営者を支えて内部監査部門が企業グループ全体の内部統制・リスクマネジメントの整備・運用の有効性を確保するアシュアランスを提供することは容易なことではない。

　このような状況で経営に貢献する内部監査を実現する鍵はリスクアプローチ内部監査の充実である。経営が注視すべき重要なリスクに焦点を定めて重点的な内部監査を実施し，アシュアランスと効率的内部監査の同時達成を図ることが企業グループ内部監査の重要な課題である。

(2) ITの活用

　日本企業の内部監査部門も徐々にITを活用するようになってきているように見受けられるが，欧米，アジアなどの企業の内部監査部門はITの活用

を一段と進めており，日本企業の内部監査部門との差が広がってきているようである。

内部監査の業務領域が広がる一方で人員面の制約を受ける内部監査部門にとって内部監査業務の効率化は切実な課題である。ITの活用は効率化の決め手になる。内部監査部門全体のITスキルを高め，CAAT（Computer-Assisted Audit Technique）や内部監査ソフトウェアの導入といったITの活用は多くの日本企業内部監査部門の課題である。

とくに，国際的な企業グループにおいては，グループ本社内部監査部門が海外グループ会社のインタナルー・オーディターに対してリーダーシップを発揮するためには，ITの活用は必須といえよう。

(3) IFRS対応

会計基準の統一を目指す国際的な動向のなかで，会計基準の世界標準となりつつあるIFRS（International Financial Reporting Standards, 国際財務報告基準）をわが国も導入することが検討されている。

IFRSが導入されると，会計だけではなく，財務やM&A等，企業の経営を変革することにもなる。経営変革に応じてリスクマネジメントや内部統制も変革され，これらの領域の対象とする内部監査も変革を求められることになる。

内部監査部門はIFRS導入の動向を注視し，内部監査の対象領域におけるIFRS導入のインパクトを推し量って対応策を検討する必要がある。

(4) 内部監査体制の弱点の補強

日本企業の内部監査部門は，一般に海外グループ会社の内部監査が不得手であり，経営のグローバル化を支えるグローバル内部監査体制の構築は焦眉の課題といえる。

その他，企業グループ全体にわたるリスクマネジメント（ERM）の監査やIT監査等，内部監査の弱点があれば補強し，現状の内部監査部門のスキ

❽ 企業グループ内部監査の課題

ルセットでは対応が難しい分野については外部の内部監査専門機関の活用も検討し，重要な経営ニーズに洩れなく対応できる企業グループ内部監査体制を構築する必要がある。

　企業グループ内部監査を進めるうえで，内部監査部門は以上述べた課題に並行して取り組まなければならない。課題山積であるが，内部監査は創造的な仕事である。日々の仕事に一所懸命に取り組むことによって会社はよくなり，社会も世界もよくなるであろう。インターナル・オーディターの健闘を願う。

参考文献

企業会計審議会（2011）「財務報告に係る内部統制の評価及び監査の基準並びに財務報告に係る内部統制の評価及び監査に関する実施基準の改訂について（意見書）」。

㈳日本監査役協会（2007）「2007年における監査役及び監査委員会制度の運用実態調査」結果報告書。

㈳日本監査役協会本部監査役スタッフ研究会（2009）「監査役監査における内部監査部門との連係」。

日本公認会計士協会（2010）「監査基準委員会報告書第49号「内部監査の利用（中間報告）」」。

檜田信男監訳・㈳日本内部監査協会訳（2011）「内部監査の専門職的実施の国際基準」。

箱田順哉（2009）『テキストブック内部監査』東洋経済新報社。

箱田順哉監修・あらた監査法人・PwCアドバイザリー株式会社編（2009）『内部統制報告制度［J-SOX］導入後の先進的内部監査ガイドブック』清文社。

箱田順哉編著（2011）『内部監査実践ガイド第2版』東洋経済新報社。

發知敏雄・箱田順哉・大谷隼夫（2007）『持株会社の実務　第5版』東洋経済新報社。

巻末資料

1. 会社法と金融商品取引法における企業グループ構成会社の定義
2. 財務報告に係る全社的な内部統制に関する評価項目の例
   (「財務報告に係る内部統制の評価及び監査に関する実施基準―参考1」企業会計審議会，2011年3月改訂)
3. 企業集団内部統制に関する監査(「内部統制システムに係る監査の実施基準」第12条)
   (㈳日本監査役協会　2011年3月10日最終改正)

1．会社法と金融商品取引法における企業グループ構成会社の定義

	会社法 （会社法及び会社法施行規則）	金融商品取引法 （金融商品取引法，財務諸表等規則他）
・親会社	「親会社」…… 「株式会社を子会社とする会社その他の当該株式会社の経営を支配している法人として法務省令で定めるものをいう。」（会社法第2条第4号） 「会社法第二条第四号に規定する法務省令で定めるものは，会社等が同号に規定する株式会社の財務及び事業の方針の決定を支配している場合における当該会社等とする。」（会社法施行規則第3条第2項）	「親会社」とは，他の会社等（会社，指定法人，組合その他これらに準ずる事業体（外国におけるこれらに相当するものを含む。）をいう。以下同じ。）の財務及び営業又は事業の方針を決定する機関（株主総会その他これに準ずる機関をいう。以下「意思決定機関」という。）を支配している会社等をいう。（財務諸表等規則第8条第3項）
・子会社	「子会社」…… 「会社がその総株主の議決権の過半数を有する株式会社その他の当該会社がその経営を支配している法人として法務省令で定めるものをいう。」（会社法第2条第3号） 「会社法第二条第三号に規定する法務省令で定めるものは，同号に規定する会社が他の会社等の財務及び事業の方針の決定を支配している場合における当該他の会社等とする」（会社法施行規則第3条第1項）	「子会社」とは，（上記の）当該他の会社等をいう。親会社及び子会社又は子会社が，他の会社等の意思決定機関を支配している場合における当該他の会社等も，その親会社の子会社とみなす。（財務諸表等規則第8条第3項）
・経営支配	「財務及び事業の方針の決定を支配している場合」とは，次に掲	「他の会社等の意思決定機関を支配している会社等」とは，次の

げる場合（財務上又は事業上の関係からみて他の会社等の財務又は事業の方針の決定を支配していないことが明らかであると認められる場合を除く。）をいう（以下この項において同じ。）。

一　他の会社等（次に掲げる会社等であって，有効な支配従属関係が存在しないと認められるものを除く。以下この項において同じ。）の議決権の総数に対する自己（その子会社及び子法人等（会社以外の会社等が他の会社等の財務及び事業の方針の決定を支配している場合における当該他の会社等をいう。）を含む。以下この項において同じ。）の計算において所有している議決権の数の割合が百分の五十を超えている場合
イ　民事再生法（平成十一年法律第二百二十五号）の規定による再生手続開始の決定を受けた会社等
ロ　会社更生法（平成十四年法律第百五十四号）の規定による更生手続開始の決定を受けた株式会社
ハ　破産法（平成十六年法律第七十五号）の規定による破産手続開始の決定を受けた会社等
ニ　その他イからハまでに掲げる会社等に準ずる会社等

二　他の会社等の議決権の総数に各号に掲げる会社等をいう。ただし，財務上又は営業上若しくは事業上の関係からみて他の会社等の意思決定機関を支配していないことが明らかであると認められる会社等は，この限りでない。

一　他の会社等（民事再生法（平成十一年法律第二百二十五号）の規定による再生手続開始の決定を受けた会社等，会社更生法（平成十四年法律第百五十四号）の規定による更生手続開始の決定を受けた株式会社，破産法（平成十六年法律第七十五号）の規定による破産手続開始の決定を受けた会社等その他これらに準ずる会社等であつて，かつ，有効な支配従属関係が存在しないと認められる会社等を除く。以下この項において同じ。）の議決権の過半数を自己の計算において所有している会社等

二　他の会社等の議決権の百分の四十以上，百分の五十以下を自己の計算において所有している会社等であつて，かつ，次に掲げるいずれかの要件に該当する会社等
イ　自己の計算において所有している議決権と自己と出資，人事，資金，技術，取引等において緊密な関係があることにより自己の意思と同一の内容の議決権を行使す

対する自己の計算において所有している議決権の数の割合が百分の四十以上である場合（前号に掲げる場合を除く。）であって，次に掲げるいずれかの要件に該当する場合

イ　他の会社等の議決権の総数に対する自己所有等議決権数（次に掲げる議決権の数の合計数をいう。次号において同じ。）の割合が百分の五十を超えていること。
⑴　自己の計算において所有している議決権
⑵　自己と出資，人事，資金，技術，取引等において緊密な関係があることにより自己の意思と同一の内容の議決権を行使すると認められる者が所有している議決権
⑶　自己の意思と同一の内容の議決権を行使することに同意している者が所有している議決権

ロ　他の会社等の取締役会その他これに準ずる機関の構成員の総数に対する次に掲げる者（当該他の会社等の財務及び事業の方針の決定に関して影響を与えることができるものに限る。）の数の割合が百分の五十を超えていること。
⑴　自己の役員
⑵　自己の業務を執行する社員
⑶　自己の使用人
⑷　⑴から⑶までに掲げる者であった者

ると認められる者及び自己の意思と同一の内容の議決権を行使することに同意している者が所有している議決権とを合わせて，他の会社等の議決権の過半数を占めていること。

ロ　役員（法第二十一条第一項第一号（法第二十七条において準用する場合を含む。）に規定する役員をいう。以下同じ。）若しくは使用人である者，又はこれらであった者で自己が他の会社等の財務及び営業又は事業の方針の決定に関して影響を与えることができる者が，当該他の会社等の取締役会その他これに準ずる機関の構成員の過半数を占めていること。

ハ　他の会社等の重要な財務及び営業又は事業の方針の決定を支配する契約等が存在すること。

ニ　他の会社等の資金調達額（貸借対照表の負債の部に計上されているものに限る。）の総額の過半について融資（債務の保証及び担保の提供を含む。以下この号及び第六項第二号ロにおいて同じ。）を行っていること（自己と出資，人事，資金，技術，取引等において緊密な関係のある者が行う融資の額を合わせて資金調達額の総額の過半となる場合を含む。）。

ホ　その他の会社等の意思決定機関を支配していることが推測さ

	ハ　自己が他の会社等の重要な財務及び事業の方針の決定を支配する契約等が存在すること。 ニ　他の会社等の資金調達額（貸借対照表の負債の部に計上されているものに限る。）の総額に対する自己が行う融資（債務の保証及び担保の提供を含む。ニにおいて同じ。）の額（自己と出資，人事，資金，技術，取引等において緊密な関係のある者が行う融資の額を含む。）の割合が百分の五十を超えていること。 ホ　その他自己が他の会社等の財務及び事業の方針の決定を支配していることが推測される事実が存在すること。 三　他の会社等の議決権の総数に対する自己所有等議決権数の割合が百分の五十を超えている場合（自己の計算において議決権を所有していない場合を含み，前二号に掲げる場合を除く。）であって，前号ロからホまでに掲げるいずれかの要件に該当する場合 （会社法施行規則第3条第3項）	れる事実が存在すること。 三　自己の計算において所有している議決権と自己と出資，人事，資金，技術，取引等において緊密な関係があることにより自己の意思と同一の内容の議決権を行使すると認められる者及び自己の意思と同一の内容の議決権を行使することに同意している者が所有している議決権とを合わせた場合（自己の計算において議決権を所有していない場合を含む。）に他の会社等の議決権の過半数を占めている会社等であつて，かつ，前号ロからホまでに掲げるいずれかの要件に該当する会社等（財務諸表等規則第8条第4項）
•関連会社	…………	「関連会社」とは，会社等及び当該会社等の子会社が，出資，人事，資金，技術，取引等の関係を通じて，子会社以外の他の会社等の財務及び営業又は事業の方針の決定に対して重要な影響を与える

ことができる場合における当該子会社以外の他の会社等をいう。（財務諸表等規則第8条第5項）

　前項に規定する子会社以外の他の会社等の財務及び営業又は事業の方針の決定に対して重要な影響を与えることができる場合とは，次の各号に掲げる場合をいう。ただし，財務上又は営業上若しくは事業上の関係からみて子会社以外の他の会社等の財務及び営業又は事業の方針の決定に対して重要な影響を与えることができないことが明らかであると認められるときは，この限りでない。

一　子会社以外の他の会社等（民事再生法の規定による再生手続開始の決定を受けた会社等，会社更生法の規定による更生手続開始の決定を受けた株式会社，破産法の規定による破産手続開始の決定を受けた会社等その他これらに準ずる会社等であって，かつ，当該会社等の財務及び営業又は事業の方針の決定に対して重要な影響を与えることができないと認められる会社等を除く。以下この項において同じ。）の議決権の百分の二十以上を自己の計算において所有している場合

二　子会社以外の他の会社等の議

決権の百分の十五以上，百分の二十未満を自己の計算において所有している場合であって，かつ，次に掲げるいずれかの要件に該当する場合

イ　役員若しくは使用人である者，又はこれらであつた者で自己が子会社以外の他の会社等の財務及び営業又は事業の方針の決定に関して影響を与えることができる者が，当該子会社以外の他の会社等の代表取締役，取締役又はこれらに準ずる役職に就任していること。

ロ　子会社以外の他の会社等に対して重要な融資を行つていること。

ハ　子会社以外の他の会社等に対して重要な技術を提供していること。

ニ　子会社以外の他の会社等との間に重要な販売，仕入れその他の営業上又は事業上の取引があること。

ホ　その他子会社以外の他の会社等の財務及び営業又は事業の方針の決定に対して重要な影響を与えることができることが推測される事実が存在すること。

三　自己の計算において所有している議決権と自己と出資，人事，資金，技術，取引等において緊密な関係があることにより自己の意思と同一の内容の議決権を行使す

			ると認められる者及び自己の意思と同一の内容の議決権を行使することに同意している者が所有している議決権とを合わせた場合（自己の計算において議決権を所有していない場合を含む。）に子会社以外の他の会社等の議決権の百分の二十以上を占めているときであって、かつ、前号イからホまでに掲げるいずれかの要件に該当する場合
			四　複数の独立した企業（会社及び会社に準ずる事業体をいう。以下同じ。）により、契約等に基づいて共同で支配される企業（以下「共同支配企業」という。）に該当する場合（財務諸表等規則第8条第6項）
・関係会社		…………	「関係会社」とは、財務諸表提出会社の親会社、子会社及び関連会社並びに財務諸表提出会社が他の会社等の関連会社である場合における当該他の会社等（第十七項第四号において「その他の関係会社」という。）をいう。（財務諸表等規則第8条第8項）
・特別目的会社の取り扱い		前条（会社法施行規則第3条）の規定にかかわらず、特別目的会社（資産の流動化に関する法律（平成十年法律第百五号）第二条第三項に規定する特定目的会社及び事業の内容の変更が制限されて	特別目的会社（資産の流動化に関する法律（平成十年法律第百五号。以下この項及び第百二十二条第八号において「資産流動化法」という。）第二条第三項に規定する特定目的会社（第百二十二条第

いるこれと同様の事業を営む事業体をいう。以下この条において同じ。）については，次に掲げる要件のいずれにも該当する場合には，当該特別目的会社に対する出資者又は当該特別目的会社に資産を譲渡した会社の子会社に該当しないものと推定する。 一　当該特別目的会社が適正な価額で譲り受けた資産から生ずる収益をその発行する証券（当該証券に表示されるべき権利を含む。）の所有者（資産の流動化に関する法律第二条第十二項に規定する特定目的借入れに係る債権者及びこれと同様の借入れに係る債権者を含む。）に享受させることを目的として設立されていること。 二　当該特別目的会社の事業がその目的に従って適切に遂行されていること。 （会社法施行規則第4条）	八号において「特定目的会社」という。）及び事業内容の変更が制限されているこれと同様の事業を営む事業体をいう。以下この項において同じ。）については，適正な価額で譲り受けた資産から生ずる収益を当該特別目的会社が発行する証券の所有者（資産流動化法第二条第十二項に規定する特定目的借入れに係る債権者を含む。）に享受させることを目的として設立されており，当該特別目的会社の事業がその目的に従つて適切に遂行されているときは，当該特別目的会社に対する出資者及び当該特別目的会社に資産を譲渡した会社等（以下この項において「出資者等」という。）から独立しているものと認め，（財務諸表等規則第8条）第三項及び第四項の規定にかかわらず，出資者等の子会社に該当しないものと推定する。（財務諸表等規則第8条第7項）

注：条文上「法」と記載されている場合，「会社法」等，法の名称を記載した。

2．財務報告に係る全社的な内部統制に関する評価項目の例

（「財務報告に係る内部統制の評価及び監査に関する実施基準―参考1」企業会計審議会，2011年3月改訂）

統制環境
- 経営者は，信頼性のある財務報告を重視し，財務報告に係る内部統制の役割を含め，財務報告の基本方針を明確に示しているか。
- 適切な経営理念や倫理規程に基づき，社内の制度が設計・運用され，原則を逸脱した行動が発見された場合には，適切に是正が行われるようになっているか。
- 経営者は，適切な会計処理の原則を選択し，会計上の見積り等を決定する際の客観的な実施過程を保持しているか。
- 取締役会及び監査役又は監査委員会は，財務報告とその内部統制に関し経営者を適切に監督・監視する責任を理解し，実行しているか。
- 監査役又は監査委員会は内部監査人及び監査人と適切な連携を図っているか。
- 経営者は，問題があっても指摘しにくい等の組織構造や慣行があると認められる事実が存在する場合に，適切な改善を図っているか。
- 経営者は，企業内の個々の職能（生産，販売，情報，会計等）及び活動単位に対して，適切な役割分担を定めているか。
- 経営者は，信頼性のある財務報告の作成を支えるのに必要な能力を識別し，所要の能力を有する人材を確保・配置しているか。
- 信頼性のある財務報告の作成に必要とされる能力の内容は，定期的に見直され，常に適切なものとなっているか。
- 責任の割当てと権限の委任がすべての従業員に対して明確になされているか。
- 従業員等に対する権限と責任の委任は，無制限ではなく，適切な範囲に限定されているか。
- 経営者は，従業員等に職務の遂行に必要となる手段や訓練等を提供し，従業員等の能力を引き出すことを支援しているか。
- 従業員等の勤務評価は，公平で適切なものとなっているか。

リスクの評価と対応

- 信頼性のある財務報告の作成のため，適切な階層の経営者，管理者を関与させる有効なリスク評価の仕組みが存在しているか。
- リスクを識別する作業において，企業の内外の諸要因及び当該要因が信頼性のある財務報告の作成に及ぼす影響が適切に考慮されているか。
- 経営者は，組織の変更やＩＴの開発など，信頼性のある財務報告の作成に重要な影響を及ぼす可能性のある変化が発生する都度，リスクを再評価する仕組みを設定し，適切な対応を図っているか。
- 経営者は，不正に関するリスクを検討する際に，単に不正に関する表面的な事実だけでなく，不正を犯させるに至る動機，原因，背景等を踏まえ，適切にリスクを評価し，対応しているか。

統制活動

- 信頼性のある財務報告の作成に対するリスクに対処して，これを十分に軽減する統制活動を確保するための方針と手続を定めているか。
- 経営者は，信頼性のある財務報告の作成に関し，職務の分掌を明確化し，権限や職責を担当者に適切に分担させているか。
- 統制活動に係る責任と説明義務を，リスクが存在する業務単位又は業務プロセスの管理者に適切に帰属させているか。
- 全社的な職務規程や，個々の業務手順を適切に作成しているか。
- 統制活動は業務全体にわたって誠実に実施されているか。
- 統制活動を実施することにより検出された誤謬等は適切に調査され，必要な対応が取られているか。
- 統制活動は，その実行状況を踏まえて，その妥当性が定期的に検証され，必要な改善が行われているか。

情報と伝達

- 信頼性のある財務報告の作成に関する経営者の方針や指示が，企業内のすべての者，特に財務報告の作成に関連する者に適切に伝達される体制が整備されているか。
- 会計及び財務に関する情報が，関連する業務プロセスから適切に情報システムに伝

達され，適切に利用可能となるような体制が整備されているか。
・内部統制に関する重要な情報が円滑に経営者及び組織内の適切な管理者に伝達される体制が整備されているか。
・経営者，取締役会，監査役又は監査委員会及びその他の関係者の間で，情報が適切に伝達・共有されているか。
・内部通報の仕組みなど，通常の報告経路から独立した伝達経路が利用できるように設定されているか。
・内部統制に関する企業外部からの情報を適切に利用し，経営者，取締役会，監査役又は監査委員会に適切に伝達する仕組みとなっているか。

モニタリング
・日常的モニタリングが，企業の業務活動に適切に組み込まれているか。
・経営者は，独立的評価の範囲と頻度を，リスクの重要性，内部統制の重要性及び日常的モニタリングの有効性に応じて適切に調整しているか。
・モニタリングの実施責任者には，業務遂行を行うに足る十分な知識や能力を有する者が指名されているか。
・経営者は，モニタリングの結果を適時に受領し，適切な検討を行っているか。
・企業の内外から伝達された内部統制に関する重要な情報は適切に検討され，必要な是正措置が取られているか。
・モニタリングによって得られた内部統制の不備に関する情報は，当該実施過程に係る上位の管理者並びに当該実施過程及び関連する内部統制を管理し是正措置を実施すべき地位にある者に適切に報告されているか。
・内部統制に係る開示すべき重要な不備等に関する情報は，経営者，取締役会，監査役又は監査委員会に適切に伝達されているか。

ITへの対応
・経営者は，ITに関する適切な戦略，計画等を定めているか。
・経営者は，内部統制を整備する際に，IT環境を適切に理解し，これを踏まえた方針を明確に示しているか。
・経営者は，信頼性のある財務報告の作成という目的の達成に対するリスクを低減す

るため,手作業及びITを用いた統制の利用領域について,適切に判断しているか。
・ITを用いて統制活動を整備する際には,ITを利用することにより生じる新たなリスクが考慮されているか。
・経営者は,ITに係る全般統制及びITに係る業務処理統制についての方針及び手続を適切に定めているか。

3．企業集団内部統制に関する監査

(「内部統制システムに係る監査の実施基準」第12条）（社団法人日本監査役協会 2011年3月10日最終改正）

1 監査役は，企業集団内部統制について，以下に列挙する重大なリスクに対応しているか否かを監査上の重要な着眼点として，監視し検証する。
　一 重要な子会社において法令等遵守体制，損失危険管理体制，情報保存管理体制，効率性確保体制に不備がある結果，会社に著しい損害が生じるリスク
　二 重要な子会社における内部統制システムの構築・運用の状況が会社において適時かつ適切に把握されていない結果，会社に著しい損害が生じるリスク
　三 子会社を利用して又は親会社から不当な圧力を受けて不適正な行為が行われ，その結果，会社に著しい損害が生じるリスク

2 監査役は，企業集団内部統制が前項に定めるリスクに対応しているか否かについて，以下の事項を含む重要な統制上の要点を特定のうえ，判断する。
　一 代表取締役等が，会社経営において企業集団内部統制及びその実効的体制の構築・運用が必要不可欠であることを認識しているか。
　二 企業集団全体で共有すべき経営理念，行動基準，対処すべき課題が周知徹底され，それに沿った法令等遵守，損失危険管理及び情報保存管理等に関する基準が定められ，その遵守に向けた適切な啓蒙活動とモニタリングが実施されているか。
　三 企業集団において重要な位置を占める子会社，内部統制リスクが大きい子会社，重要な海外子会社などが，企業集団内部統制の管理・モニタリングの対象から除外されていないか。
　四 子会社の内部統制システムの構築・運用の状況を定期的に把握しモニタリングする統括本部等が会社に設置され，子会社の内部統制システムに係る重要な課題につき問題点が発見され，適切な改善措置が講じられているか。子会社において法令等違反行為その他著しい損害が生じる事態が発生した場合に，会社が適時かつ適切にその状況を把握できる情報伝達体制が構築・運用されているか。グルー

プ内部通報システムなど子会社に関する状況が会社において把握されるシステムが構築・運用されているか。
五　子会社に監査役が置かれている場合，当該監査役が，第8条から本条に定めるところに従い，当該子会社の内部統制システムについて適正に監査を行い，会社の統括本部等及び会社の監査役との間で意思疎通及び情報の交換を適時かつ適切に行っているか。子会社に監査役が置かれていない場合，監査機能を補完する適正な体制が子会社又は企業集団全体で別途構築・運用されているか。
六　企業集団内で共通化すべき情報処理等が適正にシステム化されているか。
七　子会社に対して達成困難な事業目標や経営計画を設定し，その達成のため当該子会社又は企業集団全体の健全性を損なう過度の効率性が追求されていないか。
八　子会社を利用した不適正な行為に関して，会社がその状況を適時に把握し，適切な改善措置を講じる体制が構築・運用されているか。
九　会社に親会社がある場合，少数株主の利益を犠牲にして親会社の利益を不当に図る行為を防止する体制が構築・運用されているか。

索　引

[A〜Z]

Audit for Management……24
Audit of Management……24
Audit Right……138
CAAT……150
Co-Sourcing……135
CSA……19
CSR……5
Direct Reporting……62
Executive Summary……133
Exit Meeting……137
Full Outsourcing……134
IFRS……150
IIA……94
Indirect Reporting……62
IPPF……95
IT監査……25
J-SOX……33
Management Audit……24
Mother Audit Program……104
OJD……108
OJT……108
PC & D……108
PDCAサイクル……144
Pre-Exit Meeting……137
Regional Headquarters……44

[あ行]

アウトソーシング……134
アカウンタビリティー……6
アシュアランス……58

委員会設置会社……11
インターナル・オーディター……57

往査……16
親会社……2

[か行]

会計監査……25
開示すべき重要な不備……34
関係会社……2
監査委員会……11
監査基準……60,68
監査権（Audit Right）……138
監査講評会（Exit Meeting）……137
監査ソフトウェア……53
監査役……56
監査役会……11
監査役設置会社……73,80
監査役の独任制……74
完全子会社……87
関連会社……2

企業の社会的責任（CSR）……5
議決権基準……2
機能別監査……24
業務監査……24
業務現場における教育・訓練（OJT）……108
業務現場における人材開発（OJD）……108
業務調査権……80

経営監査（Management Audit）……23,24
経営者の監査（Audit of Management）……24
経営者のための監査（Audit for Management）……24
経営者向け要約（Executive Summary）……133

公開会社……11
公認会計士……57
子会社……2
国際財務報告基準（IFRS）……150
国際ファーム……141
コソーシング（Co-Sourcing）……135
コンプライアンス制度……125

コンプライアンス・プログラム……………125

[さ行]

三様監査…………………………………56

執行役員制度…………………………146
実態監査…………………………………58
実務をとおしてのコーチングと人材開発（PC & D）………………………………108
支配力基準………………………………3
指名委員会………………………………11
社外役員…………………………………21
情報監査…………………………………62

ステークホルダー………………………87

全社的IT統制……………………………25
全社的な内部統制………………………69
専門職業…………………………………148
専門職的実施の国際フレームワーク（IPPF）…………………………………95

[た行]

大会社……………………………………11
妥当性監査………………………………73

地域統括拠点（Regional Headquarters）……44

ディスクロージャー……………………6
適正性監査………………………………57
適法性監査………………………………57,73

統合内部監査……………………………38
独立性……………………………………61
独立的評価………………………………20
独立役員…………………………………146

[な行]

内部監査…………………………………22
内部監査一巡のプロセス………………111
内部監査規程……………………………96

内部監査実行権…………………………92
内部監査組織……………………………98
内部監査チェックリスト………………103
内部監査人………………………………57
内部監査人協会（IIA）…………………94
内部監査の専門職の実施の国際基準……94
内部監査の品質評価……………………51
内部監査プログラム……………………104
内部監査マニュアル……………………101
内部統制…………………………………28
内部統制監査……………………………61
内部統制基準……………………………30
内部統制自己評価制度（CSA）…………19
内部統制システム………………………30
内部統制実施基準………………………31
内部統制のフレームワーク……………31
内部統制報告制度………………………30

日常的モニタリング……………………18

[は行]

汎用的な内部監査プログラム（Mother Audit Program）………………………104
部門別監査………………………………25
フル・アウトソーシング………………134
プロフェッショナル……………………148
プロフェッション………………………148

報酬委員会………………………………11

[ま行]

マネジメント・コントロール…………6

持株基準…………………………………2

[ら行]

リスクアプローチ内部監査……………109

〈著者紹介〉
箱田順哉（はこだ　じゅんや）
現職：
プライスウォーターハウスクーパース　パートナー，あらた監査法人代表社員・公認会計士（内部監査業務および内部監査・内部統制，コーポレート・ガバナンス，リスクマネジメントなどのコンサルティング業務に従事）
慶應義塾大学大学院特別招聘教授（内部監査論），日本内部統制研究学会理事
経歴：
1951年　東京都生まれ
1974年　東京外国語大学英米語学科卒業
1974年－1980年　三菱レイヨン株式会社勤務。公認会計士第2次試験合格
1980年　プライスウォーターハウス入所。会計監査，内部監査等に従事
1997年　プライスウォーターハウス経営監査グループ結成。以来，内部監査専門に業務従事
著書：
『テキストブック内部監査』（単著，東洋経済新報社），『内部監査実践ガイド』『持株会社の実務』『コーポレート・ガバナンスと経営監査』『新しい経営監査』『内部監査ハンドブック』『アメリカの会計原則』『国際会計基準ハンドブック』（いずれも共著，東洋経済新報社）など
翻訳書：
『全社的リスクマネジメント　フレームワーク篇』『全社的リスクマネジメント　適用技法篇』『ビジネスリスク・マネジメント』（いずれも共訳，東洋経済新報社）など
監修書：
『内部統制報告制度（J-SOX）導入後の先進的内部監査ガイドブック』（清文社），『富士ゼロックスの倫理・コンプライアンス監査』（東洋経済新報社）など

《検印省略》

平成23年9月30日　初版発行　　略称：内部実務グループ

内部監査実務シリーズ
企業グループの内部監査

著　者　　箱　田　順　哉
発行者　　中　島　治　久

発行所　**同文舘出版株式会社**
東京都千代田区神田神保町1-41　〒101-0051
営業（03）3294-1801　編集（03）3294-1803
振替 00100-8-42935　http://www.dobunkan.co.jp

©JUNYA HAKODA　　　　　　　製版：一企画
Printed in Japan 2011　　　　　印刷・製本：萩原印刷

ISBN978-4-495-19651-6